微商思维2

龚文祥谈新个体创业

龚文祥 著

GONG
WEN
XIANG

人民日报出版社

图书在版编目（ＣＩＰ）数据

微商思维. 2 / 龚文祥著. -- 北京：人民日报出版
社, 2019.7
ISBN 978-7-5115-6139-8

Ⅰ. ①微… Ⅱ. ①龚… Ⅲ. ①网络营销 Ⅳ.
①F713.365.2

中国版本图书馆CIP数据核字（2019）第148002号

书　　名：**微商思维. 2**
作　　者：龚文祥
_____

出 版 人：董　伟
责任编辑：袁兆英
封面设计：邢海燕
_____

出版发行：人民日报出版社
社　　址：北京金台西路2号
邮政编码：100733
发行热线：（010）65369527　65369846　65369509　65369510
邮购热线：（010）65369530　65363527
编辑热线：（010）65363105
网　　址：www.peopledailypress.com
经　　销：新华书店
印　　刷：炫彩（天津）印刷有限责任公司
_____

开　　本：710mm×1000mm　　1/16
字　　数：245千字
印　　张：16
印　　次：2019年7月第1版　　2019年7月第1次印刷
_____

书　　号：ISBN 978-7-5115-6139-8
定　　价：99.00元

目 录

前　言

作为移动电商领域的意见领袖，每年我都会出一本新书。《微商思维2》已经是我的第四本书，其内容主要谈的是在微商思维的指导下，个人创业者的创业新思路。本书从极致务实的角度出发，结合本人的创业经验，给创业者提供了接地气的并且有效的创业方法论。

从2015年开始，万众创业这个词开始走红，不管是从主流媒体的报道，还是微博、微信等自媒体的爆料采访，成千上万的创业案例在媒体渠道以及社交网络上被创业者津津乐道，而在这些案例中被谈论最多的便是创业公司拿了多少亿第几轮融资，某万亿市值大佬的创业鸡汤如何，等等。但是过了2~3年回头一看，那些媒体眼中的融资几亿几十亿的创业明星们，99%的公司要么垂死挣扎，要么已经消失在大众的视野中。而这些媒体的报道，使得创业者都有一种误解，创业就是要学习那些已经万亿身家的大佬，就是要ABCD轮融资才能真正成功。

在我看来，这种创业理念对于99%的创业者都是无效甚至是有害的。我身边的创业者也有不少类似的案例，刚开始创业就拿了几千万的A轮，马上

1

招聘上百名员工技术开发，大规模投放广告，期间融资几轮，最后钱花完了，业务没上来，直接倒闭，创始人痛苦至极。而作为移动电商领域的观察者，一直以来我都反对这类高大上、不接地气的创业方式。这也是我写这本《微商思维2》的初衷以及缘由，希望用我本人创业成功的经验，为创业者提出一条务实的创业路径，而不是在融资—烧钱—融资这样的创业怪圈里无力打转。

本书没有高深的创业理论，更多的是我微商创业8年来自己亲历过的成功经验以及"触电会"内部用微商思维创业成功案例提炼出的理念及方法论。创业的目标很简单，就是赚钱，所有不赚钱To Vc（To Ventureca pital，即企业创业是等待风险投资公司来投资入股，或进行股权出售）的创业对于普通创业者而言都是没有价值的，创业者也不必关注，我们需要关注的是，作为一个个体创业者，我们如何从零到一开始起步，然后一步步到达自己设定的目标，挣到自己期望的钱。这才是最务实、最接地气的创业。而本书通篇探讨的经验总结以及创业方法论，都是基于个体创业视角出发的。

在《微商思维2》中我提出了一个"新创业"的概念，这里的新创业有三层含义，第一层含义是和以往大众媒体所鼓吹的融资式的"旧创业"做明显的区分，"新创业"代表着抛弃以往的To Vc式的高大上，回归务实、基于个体的创业。第二层含义是基于移动互联网新趋势下创业。如今的移动互联网基础设施已经非常完善，逐渐演变为微信互联网、头条系流量、百度系流量、阿里系电商平台四大巨头并行的格局，而作为个体创业者，不要想着如何去颠覆这种格局，或者重新再造轮子来承载自己的业务，而要想着自己的业务如何能够利用好现有的移动互联网的基础设施，实现快人一步的增长。第三层含义则是新的创业理念，抛弃传统的单纯卖货思维，转而用卖IP、卖项目的思维进行创业，从而实现高于传统企业十倍甚至百倍的增长。

本书的开头是以我8年来的创业过程为前导，具体把我如何用微商思维下的新创业理念全景展示出来，给创业者带来实际的参考。第二部分则是总结新创业的闭环方法论，让创业者在创业的每一个环节都得到具体的经验以及建议。第三部分则是"触电会"会员分享的在不同领域的实战案例。另外，本书还结合新创业的理念，引入了几位联合作者，而联合作者的创业案例也会结合本书的新创业经验与理念为创业者呈现，理论与案例的生动结合，能够更加方便创业者去理解新创业的理念以及方法论，以便能够更好运用至自己的工作中。

最后，要感谢本书的联合作者罗剑锋以及姜斯斯对于本书的贡献，还要特别感谢支持本书的3位联合作者，他们分别是牛小轩、甘林、纹绣哥。因为他们的支持，本书才得以最终与读者见面，感谢！

如何联系到我本人？

龚文祥　拥有435万新浪微博粉丝、50万抖音粉丝、48万今日头条粉丝以及36个私人微信号（覆盖18万微商团队领袖），创办有中国极具影响力的微商社群"触电会"及微商新媒体"触电报"。著有《传统企业如何做电商及微电商》《微商高手运营实战》《微商思维》等书。

每年8月18日，作者以个人名义组织微商业界极具影响力的"三千人论坛"，深刻影响微商业内50万人。

这本《微商思维2》，是我写的第四本书，也是我最近一年来对于中国微商的总结以及微商业态的思考，希望能给各位读者带去思维上的启发以及帮助。

如果希望和我有进一步的交流，就"微商思维"这个话题有进一步的探讨，大家可以关注我的公众号，里面有能够联系到我本人的微信二维码。关注我的公众号，大家还可以领取一份价值8000元的微商创业实战案例课程，课程的内容是"触电会"会员内部创业的实战精华。

个人公众号：
mrbrand888

大家可以关注我的公众号mrbrand888，里面有能够联系到我本人的微信二维码，可以领取一份价值8000元的微商创业实战案例课程，是"触电会"会员内部创业的实战精华。

第一章

龚文祥谈新创业

1. 创业 9 问

在移动互联网时代，在技术的革命和生活应用翻天覆地的变化之下，创业已经不是依照着过去中国五千年来的商业文化和思维体系了。创新、颠覆、变化，是时代的主旋律。

那么今天，在这个时代大背景之下，结合微商思维，我提出"新创业"。有别于我们过去的传统思维，用新的角度去重新思考和定义商业的内核。

首先，我来反问大家9个问题。

第1问：做生意一定要靠产品差价来赚钱吗？卖自己，卖机会，卖项目来赚钱，不可以吗？（形式）

在我们传统的生意思维里，做生意就是卖货。低买高卖，是天经地义的赚钱途径，似乎也只有这一个途径。中国人，自古以来就愿意为一件华服掏钱，愿意为一件器具消费，愿意为一所豪宅倾尽所有，因为在农业社会时代那是正经生意，但似乎大家没什么习惯掏很多钱为服务买单。赚服务费、中介费、信息费，等同于"空手套白狼"，历来不太受人待见。

但是随着时代发展，第三产业和服务业占比越来越大，成为一个国家生

产发达程度的一个重要指征。尤其是互联网高速发展后，省去了不可估量的沟通和流通成本后，对个体友好的创业时代来临。

我们可以重新审视一下生意这回事：如果我有才华，是不是可以卖自己？如果我有好的产品或者内容，是不是可以向代理卖赚钱机会？如果我有起盘的能力，是不是可以通过众筹或者联合发起卖项目？

第2问：1000个铁杆粉丝就足够我们活得很好了，为什么要那么贪心想做所有人的生意？（用户）

你的用户画像是什么，能不能一句话很精准地表述出来。

现在越想做很多人的生意，就越做不好。为什么呢？因为信息大爆炸了，人们的注意力被撕扯成碎片，每时每刻都有无数的东西要吸引每个人仅有的可怜的注意力。这时候，越是想吸引更多的人，自身的特点就越散乱，越散乱就越不容易引起大家的注意。

只能重度垂直细分，"小而美"地去做一类人的生意。必须有核心的特质，让人过目不忘的标签，第一时间抓住人的眼球，在后续的运营中不断地强化、重复，注重你目标小众的客户满意度，增强粉丝黏性，才能生存下来。

不但精准，更要有质量。粉丝百万的自媒体人，养不活自己的比比皆是。粉丝是不是应该重质不重量？到底应该怎么精准定位，这个问题值得思考。

第3问：创业为什么一定要融资？让信任你的用户出钱成为代理，一箭三雕，解决了资金、合作伙伴、消费者的问题，不是比VC融资好100倍吗？（联合发起人）

现在一谈创业，大家都是想着怎么写BP（商业计划书）、怎么拿融资、怎么烧钱。我是不赞同这一套的，至少可以先踏踏实实收上来钱的项目，比一上来就拼命烧钱、每天都在焦虑下一轮钱什么时候到账的项目，在商业逻辑上要靠谱得多。

也可能是这十年中国的热钱太多了，大家钱多得没地方花，就在一级市场玩概念。眼见他起高楼，眼见他宴宾客，眼见他楼塌了。大家都拼命赶着在钱烧光之前，去验证那些个大概率并不存在的伪需求。资本泡沫，浪潮退去，就算用钱跑马圈地起来了一片市场，最后发现竟然还是在裸泳。

这个时候，是否应该换一种逻辑？谁应该成为你的种子用户？怎么发展联合发起人？为什么拿他们的钱比拿VC更好？

第4问：为什么要遵循闷声发大财的传统？创始人IP才是最宝贵的资源，不秀出来怎么吸引用户，增值财富？（人格化）

"枪打出头鸟""木秀于林，风必摧之"，这是老祖宗的训话。

但是闷声发大财的时代已经过去了，这是互联网的时代，酒香也怕巷子深。

大家买空调会首先想起什么品牌？格力。因为啥？董明珠。董明珠代表的是"中国制造"的精神，她真实的个性，开创了传统企业在社群经济下的新模式。

连制造业的品牌都可以具有人格化的特征，传统企业家都尝试着站到台前镁光灯下的时刻，我们是否意识到创始人的IP是企业最宝贵的资源之一，要怎么定义？怎么秀？怎么展示给我们的目标受众？

第5问：为什么只在平台上积累粉丝？为什么不把粉丝导入自己的鱼塘？（自建粉丝池）

上面提到很多自媒体大咖上百万的粉丝，连自己都养不活，为什么？

先看看他们的粉丝在哪里？在微信公众号、微博、抖音、淘宝、天猫、京东，以及众多的第三方平台账户上。

所以这算是自己的粉丝吗，怎么才算是自己的粉丝？粉丝应该怎么落地？

什么叫作"泛粉"，什么叫作"精准粉"，什么叫作"铁杆粉丝"，相互之间如何转化？是不是值得好好思考，然后再落地执行呢？

第6问：为什么一定要在实体店及淘宝店冷冰冰卖货？为什么不能有情感地连接，顺便将货卖了？（社群）

做实体店的商家说，实体店越来越难做，流量全被线上抢跑了，一年到头为房东打工。

做网店的商家说，淘宝、京东根本没法做生意了，钱都被平台赚走了，我们就是图了个热闹，要去看看流量是不是部分回归线下了？

线上想去线下找流量，线下想看看线上怎么玩。开实体店也好，网店也罢，出路到底在哪里？

单纯卖货的时代已经过去了；

流量的红利已经结束了；

互联网的下半场是运营，是内容，是精耕细作。

这是一个最坏的时代，也是一个最好的时代，社群是2019年送给我们的礼物，要好好珍惜。

第7问：为什么要生产1个产品卖给1000个人？不能把1000个产品卖给1个人？（深度）

过去的思维是：我就生产一个产品，我要把货卖给全世界；

现在的方式是：我只做这一小群人的生意，我要把全世界的货卖给同一群人。

之所以把这个问题放在第七个，是因为它的逻辑在第六问的后面。不是你想把货卖给谁就能卖出去的，应该再深度思考一下，为什么他只买你的东西？

第8问：为什么要先发货后收钱？不能100%先收钱后再发货？（现金为王）

这是微商的好处，我想没几个行业能完全做到这一点。

微商虽然草根，虽然被不理解，但是微商人的付费意识特别强，很强调人与人之间的信任，很愿意为这份信任买单。

2019年《电商法》实施后，合法合规是微商行业的必然结果，在法律法规的正向引导下，微商的行业就现金流良好这一点就PK掉90%的行业，尤其是在目前的经济形势下。这也是为什么最近微商头部品牌的TST微商企业2018年纳税21亿连续成为热搜的原因。

第9问：为什么要一对一卖货？为什么不发动成千上万的人帮你卖货？（裂变）

一对一卖货辛不辛苦？

社交电商更重要的是深度，而不是广度，即运营好存量用户再去做新增，才会有效果加成。微信社交生态沉淀着10亿人去中心化的网状社交关系网络。一个老用户获得良好的使用感，这个时候通过产品裂变功能或者社群裂变，能够带来惊人的社交裂变。这种渠道对比传统渠道，更精准、高效，用户质量更高。

如何设计出合法合规的代理制度，如何通过裂变去产生更多的链接，这是不是值得研究的课题？

以上的9个问题值得每个创业者思考，而后文我提出的新创业理念以及方法论，则站在新的角度完整而系统地解答这九个问题。

2. 新创业的理念

新创业是我个人提出来的新词，也是我十年来的创业实践以及触电会内移动互联网创业者的经验总结，是基于微商思维提出的新理念。马云在他的电商行业提出了新零售，而我在关注的移动互联网创业领域提出新创业。

提出理论的背景

我所提出的新创业就是在微商思维的指导下，基于微信或移动互联网、从极致务实的角度出发，以人为中心的个体创业理念以及方法论。这与主流媒体所鼓励的建立自己平台（APP）、以融资多寡论英雄、以单纯货架式模式、追求规模轻视盈利的旧创业理念形成鲜明对比。区别于传统的基于产品塑造品牌再开拓渠道，区别于互联网To VC的融资创业。

新创业的理念以及方法论适合现在99%的个人创业者，也是指导创业者在未来5~10年的创业新指南。

新创业有以下几个特点：

第一个特点是基于微信或者移动互联网的基础工具，这也是时代的发展给创业者的红利，不鼓励去再造轮子，而是更鼓励创业者利用现有的移动互联网基础工具结合自己的业务来创业。

第二个特点是务实，只研究如何更好地从主营业务赚钱，而不是追求融资、追求规模的过程创业，讲究追求赚钱这个结果。而不是做个企业让下一轮的融资方接盘，从接盘手的估值价差中赚钱。以我的经验来看，一轮接着一轮融资式的创业99%的结果都是走向失败。

第三个特点是在创业理念上抛弃单纯货架式卖货逻辑，从传统的以货为中心的创业，变成以人为中心，从塑造IP的角度，结合卖项目的思维进行创业。

第四个特点是基于个体创业的小而美，并且引入裂变机制，让消费者在社交生意模式中变成公司合伙人或者是经营者。

3. 新创业的方法论体系

上文讲的是理论以及理念，本篇讲的是如何进行新创业的方法论，其实也是总结于微商创业的方法论。我提出了新创业的闭环方法论：重度垂直定位——建立个人IP——自建粉丝池——转化客户——口碑服务裂变客户——联合发起人——基于用户升级商业模式，实现商业模式的正循环。

▲ 新个体创业闭环方法论示意图

这个方法论区别于传统品牌方法论：生产产品——投放广告塑造品牌——线下商超KA（Key Account，关键客户）铺货——完成销售；也区别于互联网理念下的创业方式：提出概念或有产品模型——融资——大规模投放广告获取用户——再融资——找接盘侠（或上市）；更区别于淘宝电商式的创业：生产产品（供应链选品）——电商平台投放广告引流——修炼内功提成流量转化率——完成销售。

新创业的核心逻辑是通过细分定位下的个人IP吸引流量，沉淀至自己的粉丝池，接入业务，模式来成交客户，通过口碑运营将客户转变成经营者，然后基于自己用户实现商业模式的升级。而传统零售以及电商是以产品为中心来引入流量，通过漏斗转化模型一层一层地将流量转化成实际购买用户，赚取产品差价。如今线上流量费用高昂，光是淘宝天猫等平台自己获客成本高达200~300元／位，其他创业项目，或者是平台上商家成本更是高昂，基于产品来引入流量，后端转化变现的创业路径变得非常艰难。

为何我提出来的新创业方法论要远远优于传统零售或者电商的创业？主要优势在于前端的流量成本更低，后端客户的价值更高。一高一低，使得创业项目业务的效率提升几倍甚至几十倍，成功的概率自然也就更高。

新创业方法的流量成本更低

基于新创业的方法论，以个人IP来吸引流量，固定流量的成本要比产品低很多。基于产品的流量导入有两种模式，一种是传统零售，在各大媒体做产品品牌广告，线下KA商场铺货来实现变现，这个成本是99％的创业者做不到的，而且现在效率低下。一种是电商平台单纯卖产品的创业，通过在电商品牌投放广告来获取流量，面临其他同行的激烈竞争，流量费用高昂。

而以个人IP为入口来获取流量，流量的路径就变得广阔无边，微博、抖音、今日头条、百度、微信流量……都是你流量的入口，综合成本远远低于

传统零售以及电商平台，而且个人IP的客户转化率远高于冷冰冰的产品。电商平台上网红店为何在最近1~2年成为趋势？核心原因就是通过红人IP使得获客成本大幅降低，用户黏性大幅提升。从这个角度来看，大部分网红店实践了我新创业方法论前1/3段，用定位清晰的IP降低流量成本，也提升客户的黏性。这也是为什么网红店竞争力比单纯卖货的店铺更强的原因。基于人的信任，要远远好于对于产品的信任。

新创业方法论的客户价值更高

在传统零售以及以卖货式电商创业中，通过投放广告后吸引进来购买的客户，在完成消费后，又成为茫茫大海中的流量。而新创业方法论是需要将已经产生购买行为的客户沉淀运营起来，放入自己的粉丝池中，现在最好的工具就是私人微信号，用微信来沉淀客户，形成自己的流量池，通过运营使客户进行二次、三次消费，从而提升客户价值。

当然，到这里只解决了提升客户价值的上半部分，新创业的联合发起人环节则是将自己的客户变成公司合伙人或者是经营者，帮助公司推广并且招募更多合伙人参与公司的经营项目，这个客户一旦变成公司的经营者，其价值就提升了百倍不止。举个简单的例子，这个客户购买你一款化妆品，你挣50元，因为沉淀了这个客户在自己的粉丝池中，通过运营，这个客户产生复购，多买了3次，那你就从这个客户身上赚到200元。

如果你用联合发起人的模式，使得客户成为项目经营者，帮助你来卖货，他（她）也从其中获得收益，可能你从他（她）的渠道销售出去产品赚到 2 万元。原本在传统模式中这个客户可能价值只有50元，而在新创业的模式中，这个客户带来的价值可能达到 2 万元，这就是新创业模式在客户价值基础上提升的效率。

新创业体系对于创业者而言，相对于传统零售以及电商创业，有着十倍甚至百倍的优势。

这两年大的环境和经济形势相比以前高速增长时期放缓了不少。现在的客户源，特别是流量成本、粉丝成本越来越高。实体店成本偏高，普遍不赚钱，大家都陷入价格竞争，如果继续采用旧的创业模式，则没有出路。

但是当你拥有了微商思维下的新创业理念，再加上移动互联网的思路，面对的是一片创业蓝海。首先，流量成本更低。其次，从商业模式的维度上，跳出了价格竞争这单一的思路，如果创业就是跟人家比成本，看谁的成本更低，则没有未来。要调整思路，赚竞争对手看不见的钱。

大家创业有时候容易陷入一个"误区"，就是——我要创业，就是要把我的产品（服务）做到极致。虽然这看起来是一个很正确很正能量的想法，但我不完全同意这个观点。虽然好产品好服务是必须要做的，但只是一个基础。一个90分的产品和100分产品，虽然只相差了10分，可能你要用10倍的

▲ 微商行业带给我们的启示

时间精力去打磨，这个代价是极大的。

在一定的产品和服务的基础上，我们应该以人为中心，去无限贴近自己鱼池的消费者。为什么现在社交电商、社群电商那么火，就是因为这种新创业模式可能会代替或者部分代替掉我们旧有的创业模式，这是微商行业给我们带来的启示。这对我们国家三五千年历史做生意的思路是一种挑战，也是2013年后微商行业给我们的启示。

对于想做"新创业"的个人而言，这是一套具有实操意义的方法论。一生二，二生三，三生万物，万变不离其宗。

2019年初，"微信之父"张小龙在演讲时，举了一个卖货的例子：一件商品挂在APP里，不容易卖出去；但是你在自己朋友的朋友圈里看到了，就容易成交，为什么？

这就是新创业的逻辑：信任背书。人是活生生的，有情感的，这就是人的背书的力量。基于这个，我们应该受到启发：卖产品，不如卖自己。自己是一个有血有肉、有情感、有故事、有历史的人，自己才应该是最好的项目，自己才是最生动的品牌。个人品牌创业是互联网时代新创业的最佳方式。

自媒体头部的大号大家都知道Papi酱、罗胖等，一提起他们，脑海里第一时间浮现的是一个集才华与美貌于一身的女子、一个每天坚持更新60秒语音的知识网红胖子，如果他们把名字都改成"XXX信息技术或教育管理有限公司"，应该没人再去看了。

冷冰冰的公司、货架时代已经过去了。个人品牌比公司有温度得多。

我提出的新创业是，基于个体创业的，基本上是人人都可以使用的。

谈创业的、成功的、传记的太多，去书店转一转，摆在畅销书架上的永远是那些成功人士的访谈和经验。但是让我们学马云、马化腾，其实是学不到的，人家建立起商业帝国是有历史机缘的，如今已经做到千亿规模了，一个普通人去学马云、马化腾，对你的生意没有任何帮助。再比如说淘宝、天猫、网红的电商模式，全中国可能就那么一百个网红，像张大奕等，这些人就是天生有表演网感，能够积累几百万甚至上千万粉丝，所以以上这些都是不可复制的，看一看就行了。

回头看一看微商行业的创业，都是一些很普通的宝妈，她们没有才华，没有高学历，甚至一开始都不会拍视频，不会发朋友圈。最后很多人能够做到几十万几百万，甚至几千万的生意，就是因为她们采用了新创业的模式。所以说，这个新创业的实际结果就是，5000万微商人，平均的学历是初高中毕业，平均的创业成本是1000元起步，能够做到5000亿的行业规模。事实胜于一切雄辩。

无论你是经营实体店，或者做传统的生意，新创业的逻辑其实就是先把你的用户在个人微信号上添加，然后通过微信、朋友圈、社群运营，取得他们的信任，交费成为你的代理或者回头客。有自己的鱼塘，有自己的粉丝，然后拉了社群运营，营造场景消费。所以基本上从中小工厂、中小服务店，到个人的创业者工作室，都适合新创业的模式，都可以去做这个市场。

▲ 2019年微商十大"小趋势"

当下中国物质需求过剩，精神需求更大，任何一个有手艺、有智慧、能输出精神层面价值的个体人，将自己的用户加到微信或微信群做具体服务，将成为个人创业的主流机会之一。

创业者，一手务虚，一手务实。虚的知名度与实的销售都要有。如果只会单纯卖货，没有人知道你追随你，短期成功几年后很容易失败；你只有虚的知名度号召力，不会套现做业绩，也坚持不久。

最后，建议个人创业者、中小企业不要过分关注过于新的、未来很多年后的新趋势，太超前的理论不会给你的企业带来新的订单或者新的用户。这些趋势理论一个也落地不了，听完你该做什么还是做什么。抛弃这些虚无缥缈的理论意淫，中小企业及其创业者还不如踏踏实实地加粉丝、卖货，这样更务实，更接地气。

大家可以关注我的公众号mrbrand888，里面有能够联系到我本人的微信二维码，可以领取一份价值8000元的微商创业实战案例课程，是"触电会"会员内部创业的实战精华。

第二章

如何选择重度垂直细分的定位

1. 什么是重度垂直细分

新创业的第一步是要先做重度垂直细分的定位，所谓重度垂直细分是：

①立足于一个细分领域，而非无所不包、什么都想涉猎。

②精准描绘用户画像，即年龄、性别、地域、共同特征、生活理念、消费水平等，都要有精确的数据和市场调查。

③找准客户单一痛点，越贪心就越做不好。

④核心产品也是有独特标签的单品爆款。当然，后续可以围绕这个核心再拓展单品或品类。

⑤通过重度运营与用户建立黏性。

⑥挖掘细分领域，做到第一。没有做不到的第一，只有还未挖透的细分。

核心概念，占据第一才有价值。

每一个创业者在启动自己的项目时，都要从以上几点来评估自己的项目。

创业首先要做好自己的定位，你要卖什么，包括你个人的定位是什么，

这是大家一定要思考的问题。我曾经做过一个活动，请电商人及微商人一句话介绍你个人的卖点与定位，但是能写好的人并不多。

做微商培训的有很多，但是能够重度垂直到被压货的小白群体，而且针对他们的痛点定位线上清货培训的很少，这块细分市场如果被挖掘到，创业过程自然就顺利得多。定位是创业的起点，值得创业者在这个部分花更多的时间。

对于创业者来说，移动互联网时代，细分市场越小越好，定位人群越窄越好，业务定位越精准越好！做一个细分化市场创业的成功性可能更高。有些创业者可能担心，如果自己的定位很细，会不会遇到客户群体不足的情况，其实在移动互联网时代，个体创业不要担心细分人数少，要细分到不能细分为止。

互联网让最小细分电商成功成为可能，如一个细分需求，全国只有几百万人有这个需求，实体店100%不可能覆盖到。但互联网会让这几百万人中有几万人聚集到一起来买你的东西，就已足够。一些草根个体创业都是做这些边边角角，不为人注意的最小品类，个个都能够年赚百万。

之前触电会在广州有个会员，只做酒店服务人员穿的工作服这一小块的细分业务，他告诉我：我们仙桃人垄断了酒店工作服这个市场的80%以上，你在百度搜索、淘宝、天猫及1688搜索这个类目，排在前几十页的都是仙桃人开的工作服服装厂，我作为仙桃人从未听说过，真是隔行如隔山。他们行业有人将精准客户导入企业私人号，只需要1000多个粉丝，一个小姑娘客服维护，一个号的利润是300万。一个不起眼的业务都能做到上千万，所以做细分市场才是靠谱的创业。

再来谈定位。一个创业项目的背后的定位，功能性定位比情感情怀形象定位更重要：很多创业者对外宣传形象定位，喊多了，就开始自己骗自己，忘了自己产品项目背后的本质定位。以曾经华南最大的两家电商，一个定位是处理库存的电商，一个定位是时尚电商，前者定位成了中国最成功最赚钱的电商之一，后者定位太虚，后续也就没落了；情怀定位对外喊一喊是可以的，如"为了女人美丽""女人健康"，但背后产品的功能性定位比形象更重要。

对于个人创业也是一样，定位就是针对垂直细分领域某一客户明确的功能性，解决方案式的定位，不要情感、情怀之类空泛的定位。

创业要聚焦一个点。

触电会一个女生做摄影拍照服务的，之前各种类型的拍摄内容都接单，但是经营一直不好都快要倒闭了。她来找我，我给她的建议是：只拍摄微商团队长的照片，只服务微商行业，并且一张照片收2万元，摄影拍照的价格从200元涨到2万元。现在她仅靠拍照这项服务一年可以赚几千万的纯利润，建议她别的拍照类别送钱都不拍，越细分，越容易成功。

新个体创业，目标人群越少越好，看起来越有"天花板"、越"做不大"越好。

定位垂直细分领域，也就意味着要做减法，创业一定要做减法，不要什

么都关注，什么人都见，什么机会都抓住，学会放弃。我创业8年来，从不接受媒体采访，不见传统企业老板（除了触电会会员），不和任何公司、平台、机构和个人合作，不被绑架，专注内容及链接，才有现在的成功。聚焦某一点，按照自己的节奏走，创业才容易成功。

2. 创业者要把针尖做穿

面对细分目标市场和精准客户，第一件应该做的事情就是聚焦把"针尖做穿"。

回顾一下上面说的逻辑，不管我们是卖人（IP）、卖货、卖服务，任何形式和产品，其实都万变不离其宗。即在一次完整的生意和交易流程里面，会涉及定位客户、研发生产、产品/服务、宣传推广和交付等环节。

根据生意的需求和满足需求的方式不同，环节和流程有可能纷繁复杂，也有可能简单明了。我们只需要将其中的一个环节做到极致，就足够活下来，活得很好。

一旦提到火锅，必然提及海底捞；一旦谈到海底捞，必然说到它的服务。说实话，我本人没觉得海底捞的口味有多么出众（我是湖北人，嗜辣，重庆火锅更合我的胃口），但是他们家的服务就是一流。服务员从头到尾盯着我，生怕错过任何一个小服务需求，哪怕她们殷勤过度，也是一大特色。全国成百上千万的火锅店，都被PK下去。

把针尖做穿，就可以脱颖而出。核心价值，哪怕是一个小到不能再小的细节，一定要做到极致，让人终生难忘。

　　这也是我提出的"长板理论"：我认为每个人一定要认清自己的长板，把优势和强项尽所有努力最大化，集中所有的时间精力把自己的长处发挥到极致。而短板则不用理会，只要不是短到让你全盘崩溃，都不要占用你的一分钟时间。

　　做到极致，就是无可替代。如果创业者能够在自己的重度垂直细分领域，在业务端做到极致，那就很容易占据细分领域的第一，从而赢家通吃，获得巨大成功。

　　需要注意的是，做品牌、产品都需要洞察消费者的心理，只有足够了解和掌握消费者的心理，才能让产品和品牌具有生命力，当消费者的需求能够在他不说出口就被我们掌握时，这就是最强大的品牌营销力。

　　不必去抓全部的用户群体，找到目标人群进行深度链接和维护，做好部分人群的服务就足够支撑起一个品牌的生存了。做小做精，做到极致。

3. 个体创业小而美更好

"小而美"最早是马云提出的概念，淘宝提出了"打造100万家100万营业额的淘宝网店"的计划后，小而美也迅速成为很多人关注的方向。

移动互联网时代，时间割裂、注意力碎片化，最关键是头部平台的格局已经形成。就像生物体的循环系统，主动脉已经建成，支系管道也在构筑，但是还剩下海量的毛细血管，这个巨量的市场和机会，对于头部平台来说暂时还顾不上，或者说没有那么多时间精力去"精耕细作"。对于个体创业者，这个机会要不要？

这里的"小"，不仅指规模相对的小，更是指用户和市场的细分定位要窄，越窄越好。在中国的巨大人口和市场面前，任何细小的领域，都存在着巨量的潜在机会。只要做深做透，只有吃不完，没有吃不饱。

而"美"则意味着在产品的打磨、营销、体验等方面，都要既有颜值（呈现），心灵还美（产品）。我在上一本书《微商思维》里强调过，一切以人为中心，不能局限于传统的思维模式：生产好的产品，然后卖掉。但是这后面是有产品（或者服务）质量好为默认的，产品和服务好是前提，不然以

信任为背书卖了一次，就不会有下一次了。

　　只是把传统逻辑顺序变一下，从"生产产品——找到客户——卖掉它"，变为"定位精准细分市场及客户——打造个人IP——卖货/服务"。

　　只有重度垂直细分下的小而美，才能爆发更大的能量。

4. 垂直细分专注微商合规的创业案例：甘林

作为一个财税人，我又开始了自己的第3个创业项目：让天下没有不合规的微商！

——甘林

大家好！我是甘林，此刻，当你看到我的分享时，其实我已经独立创业10个月了；2018年10月份我把之前的公司卖给我的合伙人，然后带着一直跟随我的15名战友选择重新出发！幸运的是，我们第一个月就实现了盈亏平衡，第二个月就开始盈利，这3个月的经历让我深刻体会到"时代终将要抛弃一批人，才有机会给年轻人"！

作为一名90后，我觉得属于我们的时代和机会终于要来了，所以今天我想跟大家分享我的创业故事，希望对想创业的你有一些启发；同时也希望借此机会找到100名梦想合伙人。

甘林

微商税务合规第一人

触电会税务合规金牌服务商

捷税狗税务筹划平台创始人

8年财税行业经验，擅长税务筹划

从零开始，这是我8年的成长历程。

1.想创业，从做好电话营销开始

2011年底，我通过校招来到深圳实习，来到了我人生的第一家公司"深圳骆驼客商务服务有限公司"。记得我们同批次来的一共有20多人，那时候我们每天的工作就是电话营销，每天打300个电话找业务，刚开始的时候，大家都觉得挺新鲜、挺好玩，积极性都很高。

不过一个月后，当拿到750元工资时，大家才明白，这是一件需要通过业绩来证明自己、养活自己的工作；渐渐地，有人开始抱怨、开始放弃、开始怀疑自己不适合这份工作，后来没等到实习结束，已经有一大半的人离开；当时跟我一起来的还有个同班同学，由于我们上大学时曾经一起帮学校招生、卖过生活用品给新生，赚过一点小钱，所以当初我们俩来深圳的时候就是抱着实习完就要创业的想法，我们认为打工赚钱太慢了；后来在离实习结束还有一个月时，他提出辞职，说准备回家创业！ 问到我的意见时，我很纠结，因为当初我们约好要一起创业的，然而那时我却动摇了；我当时想：我们现在连打电话这件小事儿都做不好，创业能成功吗？

于是我找到我们当时的总经理谈我的想法，他讲了一段让我受益终身的话：你们这些刚毕业的年轻人，总是很着急，着急赚钱、着急成功、着急想证明自己；可是急有什么用呢？你要把自己浮躁的心沉下来，用心做好每一件小事儿，物质这种东西是最容易回馈给你的；有可能未来某一年你挣的钱，会比过去几年加在一起还要多！ 时隔多年，我用实际行动验证了这句话，也算真正明白了，你的每一分付出和努力，都不会白费，越晚收获，给你的惊喜越大！

2.想创业，得学着自己找方法

当你真正决定要做一件事的时候，办法总比困难多；那时候公司没有特别多的资源给我们，基本上只能靠我们自己打电话、发帖子、陌生拜访；后来无意间我听老大开会时讲了一句话：做销售，就是要让更多的人知道你是做什么的？于是我开始行动，公交车上、地铁上、电梯里，我走到哪我的名片就会发到哪；记得那时候乘地铁，我一般都在地铁头或者地铁尾，然后给每节车厢里的乘客发名片，我去拜访客户的时候，也通常会把整栋楼都扫一遍；至今回想，虽然当时很多营销策略并没有给我带来客户，但却培养了我一个很重要的思维习惯：去适应环境，去拥抱变化，去尝试、去探索，即便你不会！

3.想创业，需要有人生导师

人生总是这样，当你最难熬的时候，就会看到一束光。2012年下半年是我人生中最迷茫的时刻，付出很多却迟迟不见回报，我试图想要去寻找原因和答案；但我找不到，周围也没人能给我。直到有一天，我在世界之窗E出口见完客户，准备乘地铁回家，碰巧旁边有位街头艺人在唱歌，我清楚记得当时唱的是Beyond的《光辉岁月》，唱得非常好，于是我驻足去欣赏；一曲结束，这时人群中一位穿着白色T恤的大哥走上前去跟这位艺术家交流："小伙子，你一天唱几个小时？有没有自己的原创作品？最后那位大哥说，小伙子你掏出手机记一下我的电话，等你闲的时候，可以给我打电话。"

说者无意，听者有心，我上下打量了一下这位大哥，心想这肯定是一位大老板，说不定需要我的业务；于是我赶紧走上前去，给这位大哥递了一张名片，告诉大哥，我是做什么的，有需要可以找我；由于时间匆忙，当时大哥没跟我聊几句就告别了；直到多年后，我才明白：这是一张足以改变我人生轨迹的名片！

一个礼拜后，大哥约我见面，我们在世界之窗地铁站的麦当劳里聊了两个小时，准确地说是我听了两个小时，我听到了我从来没在任何地方听过的观点；但最后我好像只记住了两句话："因上努力，果上随缘"和"一切都是最好的安排"，伴随着这2句话，我感觉我的人生发生了改变，也因认识了大哥，我再也没在人生方向上迷茫过！直到如今，我依然跟大哥保持着很好的互动，大哥送我8个字，"心端事成，念正梦真"！

4.想创业，需要把握机会

很多时候，内心的困扰，比外界的压力难战胜得多；当我一如既往地付出，不纠结于结果时，我发现结果也一定不会辜负你。从2013年起，我基本上每月都是销售冠军，2013年底我迎来了人生第一次机会，当时公司决定放出一部分股权给表现优秀同时又愿意跟公司一起成长的员工；公司给的方案是：认购低于5%的股权就代持，超过5%就直接写入工商登记；当时认购价对我来说，是一笔巨款！那时候的我连0.5%的钱都拿不出。

但我想，既然要入股，我就要写在工商登记上，所以当别人还在考虑公司值不值得这个价时，我已经决定要认购5%的股份；好在公司允许分期付款，我在找家里要了首期投资款后，靠自己做业绩补齐了后面的投资款；再后来，陆续又有同事离职，我收购了他们的股份，一直增持到10%，直到今天这笔投资早已几十倍的赚了回来！后来我思考，从业务员变成股东对我而言最大的收获到底是什么呢？我想，比投资赚到钱更重要的是：参与一家公司的经营，用不同的视角看待问题，承担更大的责任！

世间万物，都是以人为中心；人不靠谱，一切免谈！

5.把握风口，怀揣初心，顺势而为

八年的积淀，在我的第二个创业项目被一家上市企业顺利收购后，我又开始了第三次创业——创业狗。为初创企业提供财务税务的服务，帮他们完善财税工作和制度的建立，同时对接各种资源和服务。

慢慢地我接触到了一些做微商的朋友。

2018年底，在《电商法》颁布前的最后两个月，做微商的一个朋友李先生疯狂地在微信朋友圈刷屏，清仓甩卖自己代理的产品，准备彻底关停；而在美国做了4年代购的仇小姐则在几日前应淘宝和微店平台方的要求，办理了个人营业执照；她期待着在《电商法》颁布后的接下来的时间里，那些不规范的或者出售假冒伪劣产品的代购将被清理出局，让自己能够在行业洗牌后把生意做得更大。

记得我当时问李先生，为什么不去办理工商登记？他告诉我，他有自己的主营工作，就是平时利用业余时间卖点货，一个月就挣那么几千元。而办理营业执照太麻烦，还要交税，还不如不做了。2019年年初，偶然间我跟几个依然在从事微商行业的朋友聊天，问他们有没有办理工商登记？结果很多人普遍回答是：办个营业执照太麻烦，况且那么多人都没办，等真正罚款的时候再说吧。

市场的痛点，往往昭示和孕育着巨大的机会。于是我思考到——如果有一种解决方案能用最便捷的方式，最低的成本帮助"电子商务经营者"合法合规那就好了！

可是作为一名深耕财税领域8年的创业者，我太清楚成立一家公司的整个环节了；从工商登记、电子印章、税务报道、银行开户、发票领购、记账报税、经济普查、工商年报，这里面的每一个环节都在不同的部门，都需要人工去处理，传统的解决方案整个环节下来每年需要5000元以上，这对于很多小微商而言，确实是一笔不小的开支。

　　而凡事在因缘际会之下，机会往往留给了一直在准备着的人。

　　2019年1月5日，在千人微商跨年论坛上，我作为赞助商上台演讲"微商税务合规主题"。会后有人加我微信谈合作，说他们公司正在开发一款互联网产品，可以通过微信小程序解决全套的工商登记及后续税务问题。随后我便应邀去了公司考察，出乎意料地得到了一个大惊喜：这是一家非常有实力的公司，他们是国内第一家财税领域的A股上市公司"金财互联"，也是国家税务总局金税三期纳税服务系统的承建商。

　　两个月的不眠不休，数十个关节的打通，让我们满怀着初心的解决方案终于面世了！目前我已与金财互联合作，即将推出我们的"合规宝"产品——这是一个将解决5000万电子商务经营者合规经营的集大成的一款服务解决方案。

　　在《电商法》的管控下，电子商务经营者合规将是必然趋势；而合规宝的使命就是：降低合规成本，让人人合规，让天下从此没有不合规的微商！

大家可以关注我的公众号mrbrand888，里面有能够联系到我本人的微信二维码，可以领取一份价值8000元的微商创业实战案例课程，是"触电会"会员内部创业的实战精华。

第三章

以人为本的个人IP建设

这个章节主要谈新创业方法论的第二个环节——个人IP的建立。就如前文所说的，新创业的流量逻辑是通过个人IP来实现吸引、留存和运营，由于人与人之间天然的社交属性，所以效率会比单纯用产品或者品牌引入流量要高很多。这点可以通过简单的朋友圈实验来证明。相同文案下，搭配个人照片的点赞互动量，要远高于搭配产品照片。个人IP的天然高效率是新创业方法论关键所在。

这里要谈的IP建设并不是类似电商网红这种类型的IP建设，而是针对个体创业者实际需求出发，阐明如何一步步地完成自己的IP塑造。

不少创业者会问，每一个人都能有个人IP吗？答案是肯定的。

在移动互联网时代，就是一个去中心化的时代，一个碎片化的时代，因此注定了就是一个全民自媒体的时代。不是人人都能做全网的超级网红，但是借助于移动互联网的工具，每个人都可以拥有自己的IP，因为每一个人都是鲜活的、独一无二的。每个人都能有自己人格化的IP。

先小结打造个人IP的几个要点：

①基于垂直细分定位的人格化的IP；

②提供价值，这是核心；

③要互动，秀自己；

④善于借势，需要其他人为你加持；

⑤强执行，坚持不懈。

1. 基于垂直细分的人格化 IP

我们这里提的个人IP，不讲那些空泛的概念，其实就是个人品牌+知识产权。在全民消费升级的今天，消费者对产品越来越挑剔，流量也越来越难获取。一种趋势已经浮现：只有具有人格化特点的IP才有吸引力。品牌运作的、公司账号的、官方网站/公众号等形象，要透露出人格化魅力，用讲故事的形式，具有情感、生活、工作和搞笑等特点，做到这些点，用户才有黏性。

当然人格化属性的前提是，需要基于垂直细分领域。举个触电会会员的例子，比如一个会员定位做纹绣人群的商业社群，而他的个人IP就不是XX社群创始人或者CEO，而是有定位，也有人格化属性，定位为纹绣行业领先者的"纹绣哥"。

我一般建议创业者一方面个人化的IP名字要让人印象深刻，另外一方面个人定位要精准高效。而一个好的个人IP必须要有一个好名字。取名定位要独特，听起来要特别。用我的话说，就是要"大俗大雅"。同时，如果要做到过耳不忘（不是过目不忘），就要一说出来别人就知道是哪几个字。比如我给不下100人取名，很多都是响当当的名号，例如纹绣哥、微商姐夫、微商船长、微商徐霞客、贝贝红等，大俗大雅。而且这些创业者除了独特名字之外，都有精准的个人定位，例如纹绣哥对应纹绣、徐霞客对应旅游，微商船长对应深海生鲜等，在定位以及独特中树立起自己的IP。

个人IP=个人（非公司）重度垂直细分的第一定位+超级符号/名字(特点、借势名人、行业符号和关系称呼等）。很多人在个人介绍的时候都会介绍自己是某某公司的董事长、总经理，但是这没有用，因为形成不了记忆力。但是如果借助超级符号/或者名字，就让人印象深刻，例如微商郭富城、苹果哥、光头哥、红衣哥（一直穿红色衣服）等，都是触电会内让人印象深刻的名字。

另外，请各位创业者极端重视你的个人100字简介，如何做？超级符号+个人细分领域第一定位+超强背书（故事案例、数字直观记忆）+能够提供怎样价值。建立个人IP，可以让大家更好地记住你，社交以及获取流量的成本大大降低。超级符号指的是创业者从零开始建立个人IP时可以借符号之势能，个人细分领域定位第一指的是要占据某个细分领域的第一，如果没有第一，也要喊出第一，因为没人能够记住第二名；超强背书指的是做过那些事情可量化的案例来支撑你的定位；提供价值指的是能够为目标用户提供怎样的价值。完成这4个模块，个人IP的立体形象也就在定位层面很完善地展现出来了。

以我个人为举例，我的个人介绍：我是龚文祥，被誉为"微商教父"（教父是一个超级符号），是中国微商领域第一自媒体（个人细分领域），拥有500万微商粉丝以及1000人微商高端社群触电会（量化的案例支撑定位），能够为微商业内对接提供所需的资源以及第一线的资讯（提供价值）。这个就是完整的、基于个人IP的自我介绍。

做个人IP定位的关键点是——有情感，有温度，有血有肉，有人格。

我为什么那么重视私人微信号？总是劝网友要将粉丝导入你的私人微信

1000名新商业企业家社群触电会创始人

今天 目前积累客户的两个核心手段，一个是线上粉丝筛选方法：从泛粉（抖音微博等）……

 早上好☀

传统企业老板要转型，跟上……

 每次线下活动，我都给上10个触电会会员背书上10个第一，昨天背书的第一包括：进口……

 昨天我拍抖音，我的搭档这样表演，真的有路人要捐钱，这就是表演的功力。我这样射……

▲ 龚文祥个人微信朋友圈

号，因为私人微信号有人格化特征，即你是一个活生生的人，转化率最高，最容易收钱。

一篇今日头条、公众号、微博上 10 万+的文章，绝对一分钱都收不到，因为粉丝不会将钱付给一篇文章。但你的微信上，即使粉丝只有 500 人，也会有粉丝愿意付费，因为粉丝愿意付钱给一个人。

因为人是活生生的，有灵魂、有见解、有经历、有爱恨、有主张。更多时候，我们会跟一个人合作、购买他的产品，是因为喜欢这个人身上的特质、价值观、语言甚至表情。

人就是这么奇怪，会对自己喜欢的人说的理念、推崇的事务产生信赖。所谓的"爱屋及乌"，所以只要是他倡导的、推荐的，我们都会优先选择。

因此，我们要感谢这个伟大的时代，给了普通平凡的人们如此的机遇。只要我们有自己的特长、就能输出自己的价值，并且成为一个窄众领域的意见领袖。也就是微信呈现的那句话——"再小的个体，也有自己的品牌"。

我们多数都是普通人，不一定要像大咖明星那样，但至少应该是一个靠谱的人，人家能够信任你，就够了。例如微商界的宝妈们，身边有几千人相信她，甚至几百人信就够了。这个人可能初中毕业，微博视频做得也不是很好，但她很热情、做事大气，那么她在某一个圈层有自己的 IP 就够了，只要有人追随，就有自己的 IP。

在找自己"人格化"的标签的时候，要结合自己的经历、性格特点、能力特长，深度挖掘细分目标人群的心理需求，精准地打到痛点，引起共鸣。因为只有这样虚实结合，定义出来的标签特点，才能既真实，又有用。

无论是做自媒体、做社群、做微商，只有人是唯一不可替代的。大家追随的是一个活生生的人，不是一家公司，不是产品，也不是品牌。打造一个成功的 IP，经营超强的信任感和价值感，不管市场如何变化，不管产品如何改进，只要这个 IP 在，就依然能够轻松赚钱。

2. 提供价值，不断强化他人对自己的信任度

在与个人IP定位的相关领域持续地提供价值，就是在一次次地积累别人对你的信任感，从而形成个人IP的黏性，信任感突破临界值，后期的变现也就顺风顺水了。

以我的创业实践为例，创业十年来，我一直都保持着持续的内容价值输出，我的内容输出主线清晰、特点鲜明——电商及微商，讲营销、讲干货，干到不能再干。这就成为我极其鲜明的标签：微商（电商）干货第一人。以至于我去新疆喀纳斯旅游，写了一条随笔，粉丝以为是我找人代笔。因为我十年来只有干货，只有行业新闻，只有聚焦的信息，只有针对性的评论和转载。

来看我的微博（朋友圈等自媒体）的人，一定是电商人和微商人，一定是随便刷一刷就能找出跟他的工作事业高度相关的内容，一定能得到行业最热门最有价值的信息。其含金量之高，让很多行业内的人刷我自媒体，成了比头部新闻平台更重要的每日习惯。

这就是价值输出，内容至上。

在触电会内，看了很多会友做事的全过程，我对这点的感触也是很深的。那些善于分享，每次出场都以干货傍身，看似奉献比较多，其实他们的收获更多。因为提供价值是建立个人IP的核心环节之一。大家从你的价值输出中判断你的价值，是否值得信任，也评估是否会跟你下一步合作，是否愿意认可你、追随你。往往就因为你用干货内容彻底打动了他们，他们就选择了追随或者参与到你的项目中来。

这一步看似简单，其实是创业成功与否的关键原因。就算是明星，也不能十年只看颜值，也是要看作品来决定江湖地位的。

内容至上，不是说一定要写长文章（我已经多年没有写过长文了，揉碎的信息一样很有价值），不一定要文笔优美辞藻华丽，只要是能让读者受益、产生共鸣的原创，或者观点独特的自点评转载，都有价值。作为创业者虽然平时很忙，但是要成为能够输出价值、输出内容的创业者。例如你是做护肤行业的创业项目，那么一定要针对自己的受众不断地输出这个领域的专业知识，只要受众认可了你的观点输出，自然就认可你的IP，从而形成后端的购买行为。

如果你是自媒体类型的创业，可能会遇到认知极限的问题。一个人的认知和肚子里的"墨水"是有限的，很多自媒体创造者苦恼原创内容的输出有时候会觉得江郎才尽。我就从没有这样的烦恼，用一个知名相声演员的话来回答这个问题："如果你把相声看作是一个营生，要每天学习吸收，要每天干活进步，就不存在什么灵感的问题了。"

创作的内容被自动进行传播，一定是基于原创内容和话题。内容和话题需要具有可持续性的传播属性，能够让网友去进行二次传播和分享，是自愿性的传播，没有任何利益驱动的内容，这才是传播的引爆点。这点自媒体类型创业者可以参考。

在垂直细分领域，一定要做到持续输出价值。这点是需要持续学习和用心打造的。就算是Papi酱、罗辑思维等头部IP，要持续做到有质量的输出，也需要非常专业地去做。这就是我提到的"自媒体专业化"的趋势。

这个专业化体现在两个方面，第一内容的领域要重度垂直细分，讲母婴就只讲母婴，讲财经就只讲财经，讲美食就专门讲美食，我就只讲微商，所以才能成为微商行业的头部IP。还有就是运营上的专业化，我坚持所有内容都是我自己写，但是有平面设计、有视频拍摄剪辑、有主编，这是团队的专业化运作。

就是传统媒体的新媒体化。比如母婴大号年糕妈妈李丹阳，最初也是单枪匹马，现在是整个团队来运营一个公众号，再发展到垂直内容+母婴电商，这两年转移重心到知识付费。

团队化运作的新媒体，以个人IP为形象，背后的运营跟传统媒体别无二致：选题策划组、采编组、文案组、平面设计、视频拍摄、剪辑、新媒体运营、客户服务，甚至为了适应移动互联网，增加了不少新的职位。

作为创业者，一定要善于总结自己领域的经验，通过一次次对外的分享、内容输出来强化自己的IP。例如在微商圈内，我们会发现做得成功的创业者，总是在各种大小聚会活动场合分享授课最多的那批人。很多人认为，因为这些人成功了，所以能够在各类场合做分享，其实这个因果关系是倒过来的：因为这批创业者勇于分享，乐于价值输出，所以他们的IP通过一次次的输出不断强化，最后取得更大成功。

抓住每一个能够分享的场合，三五成群的小聚会也行，输出自己的干货内容。不厌其烦地谈自己的项目，谈产品不是干货输出，是广告营销，对于IP只有副作用，这点创业者需要明白。干货与广告，衡量的标准只有一个，即是否对他人有益。

3. 秀出自己、朋友圈即战场

"在移动互联网时代，谦虚使人落后，骄傲使人进步"。这句话是我的金玉良言。现在在国内创业已经告别以往闷声发大财的形式，"高调秀出来"成为创业者必备的一项技能。而微信成为大部分创业者连接消费者的工具，如何用好微信，秀出自己，展现干货实力也成为创业者的必修课。

个人创业者起步之初，要在自己的私人微信号朋友圈这个主战场上，学会运筹帷幄。知己知彼，百战百胜。

私人微信上沉淀着我们从各个自媒体平台上导流回来的宝贵流量，进一步加深认知、信任，朋友圈就是极好的展示的地方。有人说很多人已经不看朋友圈了，即便真是如此，公众号或者广告看的人不是更少？所以，我们每天社交的主战场，仍在朋友圈。在朋友圈输出高价值的内容，铺垫信任，和用户产生链接，是必经之路。

朋友圈需要用专业的态度去精心设计，就像主办一场展览，哪些应该重点宣传，哪些对成交没有帮助应该弱化，不能随心所欲地发，要理性，怎么有效怎么发。

专业化地展示自己，成为一个行走于江湖的领袖，就要时刻保持激情，不能有丝毫懈怠。视分享如生命，学到的、知道的干货，第一时间分享给你的代理；你是首脑，他们是四肢，你们加起来就是完美的个体。

你要懂文案，会写剧本，拍视频，发抖音。要超级会写、会讲故事，个人故事、品牌故事、产品故事和团队故事等。要常常做直播，让代理看到一个鲜活的你。要把产品和理念讲到无比真诚，在感动别人前，先感动自己。

关于朋友圈运营，盘点一些干货给读者，梳理一下从哪几个方面去塑造自己的个人形象，让自己成为一个发光的自媒体明星。

①讲知识说内容，越分享越有价值。

②越成功，越富有，越被追随。

③有经历有生活，别人就愿意听你讲故事。

④赏心悦目，颜值即正义。

⑤互动 + 红包 + UGC = 人气王。

因此干货的输出是每天的必行功课。这也要求我们自己要做一个持续学习、不停进步的人。我每天醒来第一件事就是看新闻，阅读大量的文章、行业动态，每天有一半的时间在吸收跟我垂直领域相关的动态和知识，消化这里面的信息，分析后再用我自己的话写出来，分享给千万粉丝。

很多时间在"务虚"，在思考，来产生对旁人有价值的内容，让大家跟我接触后总是有感触，有收获，这是坚持了很多年的习惯。此外，转载优质的文章，辅以自己的评论和见解，也是很有效的方式。

思想越传播才越有价值。不要吝啬你的想法、创意、干货，一定要在各种场合多分享，才会获得更多的关注和认可。

其次，越成功、越富有，越被追随。

微商因为总是在朋友圈炫富，晒房晒车晒截图，就经常被奚落。"喜提和谐号"应该是最为广泛传播的段子。

外行看热闹，内行看门道。

　　炒股的人知道有句话是：追涨不追跌。这里面讲的是人性。人之初，人性没有善恶，但的确有共性。你赚钱了，大家才愿意相信跟着你能赚钱。你如果失败了，说我虽然没成功，但是有一堆失败的经验，讲给你听可以帮助你少走弯路。没有人会来听你说什么的。

　　这就是人性使然。

　　因此，就要晒成功晒财富，方式可以再升级：参加海外欧美游学、高大上的商务参访、超五星酒店的会议等，正能量的方式永远受欢迎。

　　有人生经历的人，讲出来的话都特别有气场，容易引起关注者的共鸣。比如不经意从一件日常小事、小物件、地点提起自己过往的经历，把故事写出来（大家都喜欢听故事，所以《故事会》在纸媒时代销量一直都是期刊类第一），最后总结成一个简短的人生感触，通常带有励志性的调调，大家就会觉得这个人很有内容，容易收获无数的点赞和评论。

　　很多的微博及朋友圈写着写着就成了纯硬广告的宣传文字，这是不对的。正确的新媒体文案思路是：有温度、有个性、走心、有化学反应，且是生动的、个人化，现场感场景的文字。

　　颜值和身材，是人们第一眼视觉，给人留下的潜在印象之深，大多数人是没有概念的。在图书出版界有一个不成文的规则：一个作者没出名之前，尤其是第一本书，强烈建议不要将个人照片放在书的封面上。因为大多数人都会"以貌取人"，如果你的长相不合他/她的胃口，可能连内容简介都不会落入眼帘。

　　因此，大家以后去健身房、管理饮食、外形塑造的过程，如何坚持的，收到什么成果，这些对外形管理的努力就值得好好秀一秀。"自律=优秀"。

　　另外不要忘了互动。

　　在朋友圈经常跟粉丝交流、提问，以UGC模式融合产生新内容；多发红包，回馈粉丝，激活人气，这都是经过无数实战考验得出的，非常行之有效的激发热度的手段。朋友圈活跃了，才有黏性。

　　我号召年轻人不要追剧、不打王者荣耀、不追明星、不看鸡汤、不做无效线下社交，每天工作16个小时到处加粉丝，发朋友圈。将时间都用在与每个号上5000人一对一聊天，并维护好几万粉丝，每个人都要知道自己是做什么的。经营好这些粉丝，一辈子就衣食无忧了。

　　好好经营你的朋友圈，收获会很大。我就靠着精细化运营我的朋友圈，与每个人都产生联系，每个人都见过面并熟悉，不熟悉的一律删除。做到了触电会可观的业绩。很多自媒体就一天到晚写公众号文章，而我的时间都在运营精准粉丝，这三年来我一篇公众号长文章都没有写，收入照样高得惊人。

　　平时朋友圈就按照我上面的五条框架，去编织自己的内容，精心编写、交错着发出。保证是按照我给出的思路去执行。节假日则好好展现自己，比如春节的朋友圈内容也是有讲究的，微商人新年发什么？春节再刷屏产品不合时宜，也无效，建议发：

　　①体现个人人格魅力的兴趣爱好，家庭家乡及春节见闻；

　　②多发自己的春节短视频，加上地址，让人更信任真实的你；

　　③像个小记者，发春节所见所闻，产生有趣内容；

　　④红包是春节最好的互动；

　　⑤展示你生活好的一面（不好的一面不要发）；

　　⑥社交，春节多扩充人脉及交友。

　　最后送大家几条朋友圈操作的隐性规则：

　　如果几千人在朋友圈复制一模一样的内容，你的朋友圈就会降权到20%，即只有20%粉丝看到你的信息流。这个数据是中国最大的微商工具公司天天向商在做完大数据后统计发现的，相对靠谱。

　　设置三天朋友圈的人，以及屏蔽别人的人，都是玻璃心，会被这个社会淘汰。这是一个人比产品，比公司更重要的时代，藏着自己不会有好处。中国几千年的很多传统要改变了。

　　在别人朋友圈说不同意见的人，都是低情商的人。

4. 打造 IP 要善于借势，找背书

很多创业者从零起步积累，开始打造自己的IP，除了持续性地做好价值输出之外，也要善用背书以及势能，往往能够起到事半功倍的效果。譬如与不同行业内的名人合影，与行业大咖产生的交集或者合作都要通过合适的时机秀出来，为自己的IP加分。

微商成功的一大要素，就是背书必须要足够。做个人IP创业也一样。

一个人创业一年赚1000万元很难吗？只要找到一个细分需求，找到一个背书，积累几万人这个需求的精准粉丝，勤奋一点，不难做到。

▲ 年度客户对我的认可

▲ 龚文祥3000人微商论坛

好的背书意味着有人帮你站台，懂得借势。像我在朋友圈和公开平台经常推荐会员，给大家录祝福视频等，这都是行业内的强背书，能吸引很多关注。

此外，创业要学会营销自己，学会营销借势。

创业初期从零起步，没有资源，没有人脉，没有资金，也没人知道你，确实是整个创业过程中最难的，从零到一是最难的。有一个很好的方法，就是借势。

一是借势行业名人，二是借实力的势，比如你经常参加高端培训学习、跟政要明星的合影、五星级酒店会议等，这些都能够时刻引起人们的关注，从而增加信任感。

第三章中提到的创业案例触电会会员甘林，就是通过赞助借势我2019年1月5号的跨年演讲，把自己专注在微商税务合规第一人的IP在微商圈内引爆。当时现场1000人都是付费了1000元参加我跨年演讲的微商老板以及传统

企业主，很多人都对他的项目表示出浓厚的兴趣，后面对接的潜在客户高达80多位。他也在这次借势中迎来了事业的转折点，和财税上市公司达成深度合作，推出微商财税合规的核武器"合规宝"。学会借势，能够让你的创业事半功倍。

一半做实，一半也要务虚。

第二个就是要学会"混"圈子。

每个人的眼界和认知是有限的，学习提升是必经之路，学习又分为知识性学习和实践性学习。像上学、培训、书籍、知识付费等类型的学习是知识性学习，一般侧重理论和方法论；实践性学习来自真实操作，工作、创业都算，积累的经验很宝贵，但是问题是时间很长，一路走下来有点只恨人生苦短的味道。

在实践性学习过程中，有个"取巧"的办法就是混圈子，近距离接触和学习自己的榜样，耳濡目染的浸润式学习，对人的启发和触动比闭门造车死读书要好千万倍。

有一些人有时候觉得富二代一点本事没有，只知道拼爹。殊不知很多二代也非常努力，关键是他们从小到大生长在这样的家庭里，耳濡目染听到的都是生意怎么做，出去如何为人处世，这些对于人的格局眼界的养成，才是春风化雨、润物无声的过程。因为老爹们可以扶上马，送一程，但是人生几十年想要经营得好，最后还是要靠自己的真本事。

回到这个主题，就是找到有价值的、跟自己事业最相关的圈子，好好混，是成功的一大要义。好的圈子，帮助开阔眼界，看人家怎么做的，有什么新的模式要跟得上，关键还可以形成合作、直接成交，这些都是最显性的好处。

进入一个圈子以后，你创业会不觉得自己孤独。如果一个人整天关上门在家瞎琢磨，没人交流，没有人给你正能量，给你鼓励，是很痛苦的。圈子相当于一个光源，可以给人希望。

"千里马常有，而伯乐不常有"，最后说一下对于"贵人"的看法。

人的一生若想成功，机遇、贵人、自己的努力缺一不可。贵人是极其重要的一个环节，良师益友的认知和段位往往高出一大截，他们能看清楚你的困境和面临的真正问题。有时一席谈话就让你醍醐灌顶，有时是手把手提携，助你开启人生的新篇章。

贵人不是天上掉下来的，一是经常"混"好的圈子，多结识人脉，多向有结果的人学习；二是展示自己，体现出自己的价值；为人处世要靠谱，要让别人觉得帮助你是值得的，觉得你是潜力股，同时对贵人要学会珍惜和感恩。

5. 自我驱动式坚持

罗马不是一天建成的，而IP的塑造也是需要日积月累的坚持。每天五条关于自己创业项目的朋友圈能否坚持？每月一次针对自己受众的干货输出能否坚持？事情拆成一件或许很简单，但是需要365天每天围绕着IP意识来执行，需要内心的自我驱动力以及不懈的坚持。我创业十年来，在微博输出干货内容几乎一天不落，微商创业成功的大咖们，朋友圈里面的内容几乎没有一天是低于五条的，作为希望通过新创业路径，基于IP来做自己项目的创业者，坚持与自我驱动必不可少。

我们微商行业80%都是宝妈，真正做得成功的里面80%都是离异的单亲宝妈。为什么？就是因为毫无退路的人会逼自己一把，反而这样更容易成功。一个创业项目拿到了融资、拿到了资源，他的团队也很牛X，反而不见得会成功。因为没有这个项目还有别的出路的人，和离开了这个项目吃不上饭的人，干出来的效果是完全不一样的。

这说明，要创业必须要学习单亲宝妈们那种自我驱动的Allin（孤注一掷）的状态，还有就是必须坚持。

　　我时常会讲一个例子，我老家有一个中学老师做微商。我就见过她一次，但是她跟我一讲自己的情况，我就知道她肯定百分之百会成功。为啥？她逢人便推销她的那个微商内衣，所有的女老师、所有她见过的亲戚朋友都支持了一遍就算了，为了想让你明白她在做什么，就在楼道、阳台上打的都是她的那个微商品牌的广告。还不断学习钻研，怎么发朋友圈有意思，怎么发不招人烦不会被屏蔽，等等。

　　这就是自我驱动力，就是全身心的投入。我认为"洗脑"是一个正面的词，在经过认真的甄别和思考后，选定了方向就要自我洗脑，自我加油打鸡血。哪个成功的人不抱有坚定的信念。自己都不相信，根本没有气场去感染别人，让别人相信你。

　　我最近碰到几个成功创业者的例子，这些实例表明，只要当你将你自己做的事情变成信仰，你的创业一定能成功。自己要做的事情你要发自内心地相信，每天碰到的所有人每时每刻都在讲这件事。不仅仅是喜欢，而且变成一种信仰，坚信你的创业、追随你自己的项目。坚信被洗脑——你的人生只有事业这一件事，先把事情干成了再说。

　　我曾经碰见了一个将保险作为信仰的人，他将赚的所有钱全部给自己买保险，他为了做保险不谈恋爱不结婚，说的每句话都离不开保险，所以他成功了，目前已经是顶级保险人与高层；我的外甥女是一个将奢侈品作为自己人生信仰的人，她碰到奢侈品眼睛会发光，在路上她能将所有路过人拿的包价格告诉我，她也将自己赚的所有钱都买奢侈品，还是大学生的时候就背20多万元的爱马仕包包，所以她能做到只靠一个5000人的私人微信号，一个人一年卖奢侈品销售额超过1000万元。结论：将你做的事情变成信仰，并每天坚持重复，你不成功几乎是不可能的。

　　除了过程中的坚持，自我驱动力还表现在行动力上。说一千道一万，执行最重要，聪明人都喜欢头脑风暴，模拟了一遍又一遍，这个怎么办那个怎么搞，做错了又如何是好，结果能量全部耗尽，始终迈不开第一步。永远停

在零。

我辅导和帮助过那么多人，有很多人跟他说了一次，立马就把微信的名字改了，回去说干就干。但是发现很多人听完很兴奋，至今为止都没有任何行动。因为就是没有自我驱动因素，一定要先行动起来，在做的过程中再调整。创业成功的特质之一，就是不会一直很纠结，或者总是有各种各样的想法。

拍板了就要去做，这是我一直强调的：不要预备情绪，开始最重要！做的过程中小步试错，快速迭代，再去调整。

6. 个人 IP 创业实战案例：纹绣哥
——如何用微商思维的新创业体系做到行业领先

我无法拯救全纹绣行业，但是我可以通过缇薇娅这个品牌带领少部分人，塑造他们的个人IP，指导他们通过获得流量、社群营销、裂变拉新，通过用新思维去赚大钱。我们不教管理和成功学，而是着手解决最实际的客人怎么来的问题，客人如何不要工资也要帮你卖货的问题，如何在一年之内快速盈利变现的问题。

——"纹绣哥"叶军（一个美容纹绣行业坚持十六年创业的老兵）

在触电会里，有一个很有名的IP——纹绣哥。他是一个非常典型的"新创业"案例：利用微商思维把纹绣行业重做了一遍，短短几个月，获得了巨大的成功。

故事的起点在2004年，世界纹绣教父大卫·埃进入中国，叶军（纹绣哥）作为公司第一批弟子，一起推广当时最先进的飘眉（线条眉）技术。当时作为最新的技术，整个行业里无人敢尝试，而他只能硬着头皮和师弟妹们一直

叶军

外号纹绣哥，精绣荟创始人。

纹绣微商第一人，纹绣用品第一供应链，纹绣行业连续创业十六年骨灰级老兵。缇薇娅品牌创始人。曾协助纹绣教父大卫·埃先生全国推广飘眉（线条眉）技术。拥有的资源：90万行业精准纹绣美甲医美美容店家；

精绣荟|纹绣微商第一社群，汇集纹绣界最顶级技术大咖，立志帮助全行业从业者的技术提升和运用微商和社交电商新思维，携手共同创富。

努力推广，一个个客户积累下来，最后做到了在全国开省级大型招商会，几乎场场600人以上，全都爆满。

现在几乎所有的做线条眉向下滑的手法都是由叶军和他的师兄弟们从当时教学并传承下去的。他们是做线条眉的祖师爷了，而现在会这种技术的纹绣师占到全行业约100多万从业人员中的80%，全国至少80万家店或纹绣师目前都在使用这种技术，因此也获得了极大的成功，做到行业第一。在公司里，叶军带的团队业绩每年都在交易会上的销量比赛中获得公司第一。

而在签约到期之际，他却怀揣着创业的梦想离开了公司，从此踏上了起起落落的个人创业之路。

2007年到2012年，随着电商的火爆，纹绣哥看到了新的商机。再三思量之后，他毅然决定不重复传统公司做招商的老路子，而把重点放在了电商平台领域。于是在纹绣行业，他是最早一批在电商平台上做起，一年内就做到了行业第一的人。当天猫兴起后，他又成为这个行业第一批入驻的创业者，电商总业绩一直保持行业前三，成为行业的风向标。

但是创业之路从来不是一帆风顺。随着止痛类产品电商销售被下架，公司几乎承受了灭顶之灾，连续两个月几乎没有订单，五十多号员工也整天无所事事，团队面临解散。在进入了完全看不到希望的冰河期后，纹绣哥没有选择裁员，他相信那些跟着他几年的员工的经验是他的基石，也坚信凭着行业的影响力和专业度，还能有机会存活。

那么新的契机在哪里呢？回顾在这个领域的同行卖家，纹绣哥发现不同于自己是做技术培训老师和会销出身，同行大部分是卖货起家，对技术并不了解。于是他尝试着把重点转向线下培训教育，以及建立源头生产线以降低成本这两个方向。经过一段时间的坚持，发现在失去大量线上客源的同时，线下培训系统和工厂慢慢建立起来了，并且在半永久纹绣最火的两年里，培养了一批忠实顾客。尤其是纹绣行业里批发上游领域，在广州美博城和兴发广场有不少于1/3的源头批发档口和纹绣哥旗下的工厂保持合作关系，包括

韩国纹绣最大的居于垄断地位的PBS公司。

好景不长，2016年以后，以韩式半永久为代表之一的在中国被推热的韩流也大幅降温。在中国的大经济环境也不是太好的情况下，纹绣医美类行业也出现了大幅的下滑，即便是像纹绣哥这种占据行业上游的顶级供应链也明显感觉到了生意并不好做。

作为纹绣行业做了十几年的老兵，拥有约30万店家粉丝资源的他也在思考着行业的未来。在移动互联网的新形势下，纹绣行业制造业该何去何从？纹绣行业中的靠技术吃饭的店家和纹绣师们，赚钱并不容易，他们又该何去何从？

纹绣哥后来总结到，他很幸运，遇到的贵人都是教父级的，是行业内有话语权引领风向标的人物，都是能对你思想上产生特别大帮助的人。人和人最大的差别在于认知。龚老师说过："做不做微商，都要有微商思维"。

通过与触电会CEO罗剑锋老师和闪电商学院东羽老师的接触，以及和触电会会员之间的深度交流对接，纹绣哥慢慢找准符合自己实际情况的定位，同时整理出一套适合纹绣行业的模式，建立了纹绣行业最高端的技术大咖社群——精绣荟，门槛两万元的付费社群，汇集行业内一批技术实力大咖。在社群里全年不间断地提供线上线下的技术交流会，诸如怎么引流、手机摄影拍摄手法、怎么做好朋友圈，如何用新思维去做会销沙龙等等有价值的课程。

通过精绣荟的技术力量，和部分触电会的品牌方达成用技术拓客的合作方案，解决了一部分品牌方的底层裂变的现实问题。纹绣哥以十几年的经验，作为纹绣的意见领袖，同时提出了很多主流和行业相反的意见。他指出，纹绣技术和医美技术赚不到大钱的主要原因是行业市场小、复购率低、同行过多、竞相压价。因此不主张靠线上和线下的培训去赚钱，这些在初级阶段和泛泛层面应该是全部免费的，而高端需求的培训和知识付费是应该收费的。

　　另外他指出纹绣行业的趋势一定是做项目的价格会越来越低，因此不赞成纹绣师从事培训为主的平台和事业，因为做服务和平台分成是做不大的，技术匠人很难赚大钱。

　　一定要以人为本，让自己的顾客以自己为中心去建设属于自己的团队。

　　在这个理论指导下，纹绣哥迅速建了第一批顾客社群"精绣荟"，从中筛选出200名意向客户，并用他的经验进行了持续的有价值的干货输出。纹绣哥把这些年他自己研究出的修护特别快和安全的品牌缇薇娅肌忆修护液作为主打和切入点，在产品功效上他做到了和同行有较高的技术壁垒，拥有三项专利配方，真正做到了用产品就可以帮助纹绣上色留色的目的，以前不上色补色都需要靠技术来弥补，没有真正意义上靠产品来挽救补色留色的。

　　通过把产品放在意向群里，广发试用装以及搜集大量素材的方式，启动

线上正式内招。由于前期的铺垫和积累，在正式的线上内招会上，当纹绣哥宣布自己的招商代理政策时，仅仅在一个小时内就收到了50万元代理加盟费的全款金额，一次就轻松的招到50多个种子代理，并制定了自己2019计划的年销售额达到5个亿的目标。

为了让种子代理迅速赚到第一桶金，纹绣哥直接利用他多达30万的店家粉丝的资源，大力扶持他的合伙人和代言人、联合创始人，把自己的粉丝逐一介绍到有能力带他们的团队长下面。

从线上内招拿到缇薇娅产品的代理们，也发现这个产品具有修护特别快、留色特别好，可以减少并发症发生的特点。产品的正式备案，也解决了其他很多纹绣产品打擦边球无法备案的问题，解决了正规合法性的问题。短短的一个月时间过去，代理们拿的一箱货，全部卖完并且得到了公司的一次泰国三日自由行的奖励。

纹绣哥坚信的事业在微商新创业的模式下，以产品自带流量，同时不断扩大个人IP的影响力，2019年将会是爆发的一年。他们打出口号：缇薇娅让天下没有难做的纹绣。

从纹绣哥的案例，我们可以很清晰地看到用微商思维重做传统生意的路径：树立个人IP+社群黏性维护+产品代理销售变现。天下三百六十行，都值得用微商思维重做一遍。

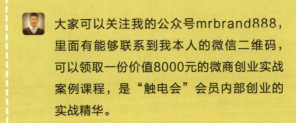

大家可以关注我的公众号mrbrand888，里面有能够联系到我本人的微信二维码，可以领取一份价值8000元的微商创业实战案例课程，是"触电会"会员内部创业的实战精华。

第四章

自建粉丝池：拥有自己的鱼塘

大家都知道流量是一切生意的本质，有流量才会有成交。流量池就是能够存储我们数据、存储我们粉丝的一个池子。比如现在的微信就是一个最好的工具，我们通过微信这个工具能够存储用户、存储数据，然后通过我们持续地做内容、做服务以及粉丝的运营、粉丝的裂变，就能形成一个很好的商业新形态。

举个例子，我们过去的淘宝，需要通过直通车或付费推广获取流量，淘宝页面的流量是来也匆匆，去也匆匆，而今天我们投放的广告，可以把所有的粉丝加到我们的手机上、加到我们的微信上。这个粉丝就相当于已经存储在我们的手机上了。当我们拥有这样的流量池的时候，相当于拥有了流量黑金，这个流量黑金有时候是可以当现金来使用的。

自建粉丝池的意思是将互联网上的流量沉淀到自己的手中来运营，而最重要的工具便是私人微信号。很多创业者一开始创业就想着做APP，做公众号，但是无论是从节约成本还是从时间的角度出发，私人微信号是自建粉丝池性价比最高的工具。

现在淘宝头部前100的商家，几乎找不到没有微信运营部门的，他们都在将淘宝的流量沉淀到私人微信号上二度运营维护老客户，有些微信运营部门产生的利润可能占到商家的一半以上，可见自建粉丝池的重要性。微信其实就是运营自己粉丝或者客户最好的工具，没有之一。

包括微商业内最重要的模式之一——微商直营也是完全在用自建粉丝池来经营。他们通过流量部门从百度、公众号、抖音、各大短视频网站甚至线下渠道吸引粉丝，全部沉淀到私人微信号中，由客服负责运营成交转化。做得大的公司员工甚至高达几千人，一年销售额逾10亿元。微信运营得当的公司，甚至一个微信号所产生的利润都超过一家淘宝店铺，这就是自建粉丝池的威力。

所以不管你是做哪方面的创业，将互联网上所有能够吸引的流量都沉淀到自己的私人微信号是必备的动作。在自己的粉丝池内成交客户，转化率要高很多倍。

1. 拥有自己的鱼塘

现在越来越多的媒体开始强调传统品牌的独立流量及自有流量。目前电商平台时代电商流量格局是721，即阿里、京东占中国所有电商流量的70%，其他追随平台占20%，传统企业自己只占10%。传统企业没有自己独立控制的流量及自有粉丝池，就像传统企业没有品牌一样，永远受制于人，永远不能长久盈利。对于创业而言也是一样。

淘宝、京东用户再多，你都是在大海里捞鱼。淘宝开店是打渔模式，淘宝是大海，客户是鱼，大海不是你的，鱼也不是你的，捞到多少算多少，流量越大捞到的可能越大。而且一旦平台的政策发生变化，你可能就一无所有，因为在淘宝、京东购买你产品的用户，最终都不是你的粉丝，而是淘宝、京东的粉丝。只有将在大海捞的鱼放进自己的鱼塘，慢慢喂养，才是你最终的收获。

比如你现在有10万泛粉，就是微博或者公众号、抖音的关注者。这时叫泛粉，因为他们还不是我们的精准粉丝，这里面想办法将两三万导入成为私人微信号的粉丝，成为精准粉。其中再筛选出1/10，也就是3000人成为付费粉丝。不管是188元还是1888元，建立自己真正的付费社群。所以自有粉丝支持是前提，用钱来区分筛选是下一步。因为付费的多少是一个社群价值的标准，千万不要做免费的事情。这是人性决定的，人们进了一个免费社群是不会珍惜的，但是他交了两万元，就会想我至少去听一听，去看一看。

自建粉丝池打个形象比喻：你在自己家鱼塘捞鱼，比你在大江大河里捞鱼，谁的转化率高？（懂我说的意思，你的赚钱能力马上提高100倍）

在京东或者淘宝，你一年卖一个亿，都不如在个人微信号上面，一年卖100万，因为，前者你是在其他平台上做生意，流量来了又走了，需要不断地花钱买新流量，还不会有沉淀，而如果把粉丝沉淀到个人微信号上面，那你可以随时联系到粉丝，产生合作关系，这个生意可以持续做三年五年。这就是将客户资产、私域流量私有化产生的价值。

2. 怎么先把海里的鱼吸引过来

有了流量池这个思维后，你需要坚持不懈地去做一件事，就是加人。如何加人就要不断地去尝试和学习。加人方法从线下到线上，从免费到烧钱，加人方式在每个阶段都在发生变化。合适的加人方法，能达到事半功倍的效果。

在海里吸引鱼之前，我们回到新创业的第一和第二步，重度垂直细分的定位以及个人IP的建立，这也就意味着你用来沉淀吸引粉丝的私人微信号的定位以及形象需要提前落实，也就是粉丝已添加到你的微信号，就明白这个人是你，你定位在哪个细分领域。只有做好前两步，第三步通过私人微信号吸引沉淀粉丝才有效。

很多创业者喜欢把自己公司的品牌名或者Logo作为自己的微信形象，这种做法是极为错误的，没有一个粉丝愿意通过微信号与一个机构打交道，每一个人都愿意和人打交道。所以创业者一定要用个人IP形象的微信号去沉淀粉丝。例如很多成功的创业者往往有20~30个微信号，每一个微信号都是统一用自己的IP形象，但是交给员工来运营，这个就是最接地气的运营方式。

很多淘宝店铺将自己的客户都沉淀到自己微信号中，但是发现无法运营起来，有个很重要的原因，他们不是用店主的形象，而是用店铺的形象。这个就是核心失误。

粉丝从哪里来？是所有创业者要考虑的问题。也有不少创业者选择微信爆粉的工具来做粉丝的积累，但是有一点要注意的是，通过自己IP提供价值吸引进来的粉丝，其转化效率是自己主动添加获得粉丝的十倍甚至百倍以上，所以更建议创业者通过吸引来打造自己的粉丝池。

把握"吸引"这个核心，其实会发现流量无处不在。例如你参加一个500人的线下活动，在活动主办方的活动群内，你就可以在群内免费提供当天嘉宾的演讲资料，让群内有需要的人员通过添加你的微信来领取，这是不是要比微信爆粉来得更好？而且在与微信粉丝进行第一次对话时，需要让对方明白自己是做哪一块的？能够提供怎样的价值，为后续的粉丝运营打下基础。

那么接下来如何吸粉，进行粉丝积累呢？

（1）利用各个平台和渠道进行粉丝积累

其实用户是无处不在的，各大互联网平台都沉淀了大量的用户。有用户的地方就有流量，有流量就能进行引导和成交。

首先，根据你的内容特性，寻找相应用户的所在平台去分享和传播你的内容，用户在哪儿，你就去哪儿。

其次，要在平台上把自己打造成一个专家，不管是从护肤知识还是专业价值方面，都要塑造个人形象，让别人觉得你靠谱、专业，喜欢互动，乐于分享，从而吸引粉丝主动关注。

最重要的一个方面是内容，所谓内容为王。你传播的内容要兼顾专业性和趣味性，有内涵有价值的东西才能真正地吸引粉丝。因为用户首先接触到的就是内容。用户认可了你的内容就是接受了你的产品和服务，那么他就会被转化成交，继而产生传播裂变，变成更多的内容和用户，那么这一切就是顺理成章的了。

（2）线下引流，把握住每一位顾客

举办丰富多彩的线下活动吸引粉丝积极参与，活动内容有趣，价值高，并能产生大量互动，吸引其关注并愿意主动分享给更多的人。

有机会的话也作为参与者，多参与类似同学聚会、行业聚会、线下论坛、分享会等线下活动，多与人交流，建立关系。这种方式添加的好友因有一定程度的联系而使得黏度较高，信任度也高。

（3）社群是天然的大型流量池

还有一个增加流量的方法：社群，各类免费的或付费的社群。如果每个社群有五百人，我们能找到一千个这样的社群，那意味着我们就有几十万人。而且社群都是基于某一个共同的兴趣爱好、特征或者关系而建立起来的，是比较精准的客户。

那么怎样去找这些社群呢？比如你听喜马拉雅电台，电台节目里的育儿专家会有自己的育儿社群，你就可以花少量的钱或免费进入这样的社群，以这个群为入口，从而找到一群目标客户，然后通过了解与互动，找到更多定位相似的群，这样就大大提高了效率和成交率。再比如参加线下活动，在活动现场可以认识很多相关社群或者产品的粉丝，由他们引荐，不仅能使你更容易地加入，还可以认识到更多的相关人群。这种思维模式是值得学习的，一个好的思维模式比任何技巧、方法都重要得多。

（4）抱名人大腿，分享影响力，借助信任代理

借助有一定名气或在专业领域有影响力的人推荐，或者朋友口碑的推广。有影响力的人本身就自带流量，找一些这样的人帮你做推荐，吸引过来的粉丝不仅在数量上有优势，而且比你自己加的信任度要高很多，那么在后期做引导成交时就会容易多了，其效果是非常显著的。

再一个就是朋友的口碑传播，朋友的忠诚度起点就会比普通粉丝要高，而经朋友口碑传播的效果自然也就相应增强了。

3. 泛粉和精准粉

很多创业者可能会纠结于一个问题：我已经做了垂直细分领域的定位，是不是通过我IP进来的微信好友一定是对这块有需求的精准粉？从实践来看，如果有精准粉是最好的，因为后期的转化效率高，需求直接匹配概率也高，但是获取成本也更高。积累一定程度上的泛粉，通过微信朋友圈的运营以及不断的价值输出，将泛粉转变成自己的精准粉，从而达成成交，这也是从创业中的实际成本来考量。

只要这个粉丝在你微信中，总有那么一刻，他对你的服务或者产品是有需求的，你要做的是，让他在这个需求一产生的时候就想到你，从而向你购买。许多微商人从线下摆摊获取粉丝也是同样的道理，未必每一个粉丝对于她们的产品感兴趣，或者产生信任感，但是只要这些粉丝添加了她们微信号，就会被她们朋友圈的内容所影响，慢慢地产生认识或者信任，在有需求的时候可能就会和这个微商人达成成交。

所以沉淀自己的粉丝鱼塘，创业者要有泛粉思维及精准粉的思维，一般100个泛粉能产生1个成交的精准粉丝，所以前期一定要到处吸引或者添加泛粉，不管是微博的粉丝、公众号的粉丝、小程序粉丝、直播的粉丝、地推的粉丝还是短视频的粉丝。

例如我们配一个成交手一个月的底薪是3000元，配五台手机。如果他每天在群里面能够加50个好友，那意味着每个月就有1500个好友。那如果他每个月能够回款5000元钱，不管做零售还是卖货，我们把这个流程打通之后，就可以标准化地去放大。这个生意到底是赚还是赔，大家可以想一下。这套模式、这套打法适合很多行业，比如说做传统的生意，做电商、做微商、做工厂，我们依然可以这样去尝试。

天下武功，唯快不破。互联网也有很多流量红利时期，作为创业者要敏感且能抓住。红利期的流量成本是极低的，几年前微信公众号刚起来的时候，第一批公众号创业者通过砸腾讯的广点通做到几千万粉丝，成本才几分钱一个，到现在已经是几元甚至十几元一个，里面有着相差上百倍的红利空间。包括最近半年的抖音红利期，我的几个触电会会员短短几个月，没花一分钱，积累几十万上百万粉丝。

从线下到线上，从免费到烧钱，加人方式在每个阶段都在发生变化。近两年的直播，短视频平台都很火，广告多到被平台封锁和干涉。作为创业者，我们每天接触最前沿的互联网资讯，能做的就是在新事物新平台刚推出时就接受它，比如以抖音为代表的短视频平台，比如小程序。等到它很火的时候再去关注，它已经很贵了，高攀不起。

但一定要记住：所有粉丝必须要导入私人微信号，这是成交的唯一场景。我的做法就是把所有渠道吸收到的粉丝，全部沉淀到个人微信号上，通过对于个人微信号朋友圈的高强度、批量化的内容运营，来实现粉丝的二次沉淀，二次运营。

对于流量认知这块，首先第一点，你需要给自己定位。第二点你要确认自己的用户是谁。第三点，你要了解自己要引流的这个人是谁，最后一个是你要创造一套可以复制的引流模式。前三点如果能够做到，你已经非常优秀

了，但第四点尤其重要，因为就算流量再多，如果没有成交，那也是毫无效果的。

　　把泛粉转化成精准粉的关键性动作，就是把各种渠道的流量全部导入到个人微信号。不管你在哪个渠道经营的粉丝，都要有意识，有步骤地把粉丝导入到你的个人微信号，如果你想变现的话，就得这样做。

4. 粉丝精准程度与转化率

　　大家也许会有这样的疑问，我的粉丝数量是相当可观了，为什么成交率那么低呢？那么现在来想一下，你粉丝那么多，是不是有大部分的人都是没有互动过的呢？你没有互动过，当然就不会成交。因为你的成交人数一定是小于你互动过的人数比例的。只要这个人跟你成交过，那他一定是跟你互动过的。但是，如果说互动的人数都不到你整体的50%，那么你至少有一半的粉丝都不是有效流量，也都是不精准的。这些流量对于你来讲没有任何意义，还增加了你维护的负担。所以说我们要清楚我们吸收粉丝的目的不是数量的无限增加，而是出货量的增加。

　　接下来我们看一下，如何把握用户的精准度。

　　如果粉丝量很多的话，那你可能是一个数据库营销，你希望产生销售，你要清楚你的粉丝在哪儿，他们喜欢什么他们为什么要跟你买且立刻要买，且当场买，并且只找你。

　　筛选数据，善用搜索。

　　首先，我们要做到的是建模。我们要把数据库像鱼塘一样来进行呈现，那用户其实就像小鱼一样，那不管我们做淘宝、做电商、做微商、做传统实体，我们在做的事情，其实就是制作鱼饵勾引鱼上钩而已。你已经知道了鱼塘里面有多少鱼了，但如果你这个时候觉得鱼都是我的，那就大错特错。你的鱼饵和鱼筐的数量是有限的，你吃太多没有任何意义，大家钓鱼的时候先想好你要钓的到底是什么鱼，什么鱼是你想要的，我们需要建立数据模型来获取这个资料，或者说是获取这些内容。所以我们要清楚我们建模的目的是为什么，我们建模的目的是筛选，把不是自己想要的鱼剔除掉。

我们来建模的时候，需要考虑的几个方面：

①区域定位。你的目标用户最有可能消费的区域，锁定一个范围。

②用户的兴趣。了解目标用户最感兴趣、最关心的内容。不管是产品还是服务。

③价格。价格的确定取决于用户的消费习惯和水平，以及我们的成本。

以上数据和信息都是可以利用各种数据网站进行搜索和整理，并为自己所用的。善用像金数据、百度数据这些数据分析网站，能提高筛选工作的效率。

（1）怎么让流量永不枯竭

之前已经说到了如何获取流量、如何锁定粉丝，即找他们的兴趣点和需求点，接下来我们要做的就是建立关系，并把关系分为强、中、弱。你要跟对方建立关系，就两种方式，他加你或你加他。只有这两种。那么这两种形式，我们当然是以他加你为主导推进会更好做。因为他们可以通过QQ或微信主动加你，更方便你了解对方的信息。

不管是QQ还是微信，都可以。只要不要被别人封掉你的帖子，封掉你当时发布的信息就可以了。这些东西其实都不难，而且是非常好用的，因为在我看来，所有的引流主要分为两个点，一是简单，二是可复制。

（2）增强信任感是成交过程中的关键问题

所有的成交当中，最难的环节其实是建立信任。对于营销来说，最值钱的不是欧元、美元，而是社交货币。一个人获得他人的信任越多，他的社交货币就越多，那么人际关系和社交网络对于消费用户的影响力就越大，就更容易实现交易转化。如果说你需要卖货卖服务给客户，难的不是产品的稀缺性，而是他对于你的信赖感。所以我们一定要清楚，当我们做不好口碑和服务的时候，那这种生意就死路一条，核心还是要有服务。你要建立专家形象，就要建立服务商的这个形象。

接下来就是维护了，维护在我看来就是多关怀，并带给大家惊喜，要想之所想，忧其所忧，甚至要学习如何在圈内玩得游刃有余，那么后面你就可以来进行裂变了。

成交的顺序跟成交的思路也是非常关键的。能不能把流量用好也是在流量环节一个至关重要的点。当然对方不管是主动私信你，还是在你的下面回帖、给你顶贴，不管流量是否精准，我们营造出来的氛围很重要，氛围和节奏是直接引导出这个流量的关键。比如像有的人会说我们品牌能分流，不管是品牌分流还是自己引流，这个流量能不能转化是核心。要先输出价值，先降低对方的戒备心。再来引导、转化成交。

（3）超级个体，流量IP带来的自主传播能量

对于传统企业来说，每一款产品都是一个品牌，传统品牌通常是重复传播上的记忆，比如以前有些老板每年花上亿元，只是为了让消费者记住一句话。可在如今数字化营销的时代，流量已然成为企业发展和个人发展不可忽视的力量。企业在做好自身产品的同时，需要注入品牌更多的内涵和精神，形成自有的流量IP。

不是所有的好产品都能成为流量IP。人们对广告唯恐避之不及，因此企业投入大，收效却甚微。而在互联网时代，IP却是自主传播，哪怕不花钱，也有人替你传播且效果显著。

那么怎样将产品打造成流量IP呢？

一方面，在物质不断丰富的现代社会，品牌不再只是输出产品，更是输

出文化和价值观，有人文情怀和文化底蕴的品牌在接触到受众的那一刻，便会让目标人群产生共鸣或同理心。

另一方面，要保证IP内容生产的持续流畅和高质量，在输出内容时，强化自己的内涵属性，激发人们向往的情怀或鲜明的生活态度，强化用户对你的认知，保证高度的知识价值和娱乐性，进而转化为商业价值。

（4）传播与裂变

互联网商业模式，社交电商最大的特点就是传播快、裂变快。仔细想想，我们现在来讲的品牌是否做到了传播快和裂变快。你的传播跟裂变是有偿的还是无偿的？如果你的裂变是有偿的，那么你能不能用无偿的形式来做？

我们要做的是最大程度的提升你的流量有效率，同一个流量，你能不能最大程度释放出它的价值。有些通过裂变活动吸引的用户，是非常精准的，你可以直接转化成交。但如果是从平台上引流过来的人，你就不能直接销售，你可以进行引导再转化成交，比如这样说，我们这边活动是可以的，亲爱的，你要一盒、两盒，要一套、两套？礼包被抢光了，我可以去公司申请一下，你先把地址发我。

先让对方给你一个信息，一定要让对方欠你一个人情，等对方领到了，第一步的好感就做到了。要学会为我们后面的一系列活动埋下伏笔。这个埋下伏笔的句子在平台引流或者是活动引流当中都是可以通用的。

（5）快速复制，解决底层流量问题

在互联网这个行业，它跟电商、跟传统最大的区别在于你需要让你的代理用一套可以复制的模式，实现像你一样的收入，哪怕他不如你，但是他也是可以直接裂变的，也是可以用一套模式来实现引流的。

大代理不管做什么样的行业，只要有资源就可以赚钱，难的其实并不在于自己赚钱，难的在于自己怎么能够把自己赚钱的这套方式复制给你的代理，让所有的人都像你一样，你才能发展得更好、更迅速，走得更远。

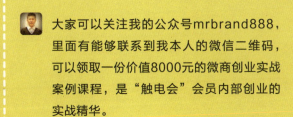

大家可以关注我的公众号mrbrand888，里面有能够联系到我本人的微信二维码，可以领取一份价值8000元的微商创业实战案例课程，是"触电会"会员内部创业的实战精华。

第五章

粉丝运营转化以及口碑裂变

这一章主要讲沉淀到自己粉丝池的粉丝该如何具体运营，这也是我的新创业方法论的第四个步骤。依靠在微信端的运营把粉丝转化成为付费的用户或者客户，再通过服务以及一定的机制，让客户裂变更多的客户。

1. 粉丝池的运营如何做好第一步

很多创业者有个误区，在做引流的时候，不重视与粉丝第一时间的沟通，以至于失去大部分的有效流量。举个例子，有次我用10个微信号朋友圈帮会员推广他的个人，但是一周之后这个会员跟我说很多人添加他微信号之后反而问他是谁，让他哭笑不得。

后来问了才知道，这位会友是在推广一天后，才开始陆续通过添加他的好友，因为当时他没来得及安排助理来处理。现在大家的时间都是碎片化的，在微信上注意力更不容易集中，如果引流和处理流量不一致，就会导致上文我这位会员遇到的问题，流量进来对自己IP毫无认知，已经不知道为何添加进来，这样的流量在做后期的转化变现是很有难度的。

所以给到大家的经验是：只要流量进来微信粉丝，需要第一时间做运营沟通，这个环节要把握好以下几点：①以自己的IP定位介绍自己。②根据引流的文案诱饵询问需求，了解粉丝情况，因为不少粉丝添加你的微信号是因为希望获得你引流文案中的福利（产品或者学习资料等）；③为这些粉丝打上身份标签，为下一步的运营做好基础。做了第一步沟通之后，微信粉丝了

解了你的定位，你也了解粉丝的需求或者大致情况，这个粉丝就成为你粉丝池中的有效粉丝了。

对你有需求的粉丝，或者通过你的内容、价值吸引进来的粉丝添加你微信号之后的第一个动作往往是打开你的朋友圈，通过朋友圈来了解你是怎样的一个人。所以创业者如果有多个个人IP的微信号，在引流之前，需要至少做满20~30天的信息铺垫。信息铺垫包括你的个人生活、垂直细分领域的价值输出、互动类等内容，通过这些信息让你的个人IP立体以及丰满，在第一时间让粉丝产生信任度，不至于让新进入的粉丝觉得这个微信号是个营销号。

又有朋友可能要问，可是一般人的微信都是用好几年的，粉丝看到我只有一个月的信息，会不会产生疑问？这个问题一般的解决方案是，你的所有IP私人号的第一条朋友圈信息都应该是：原来一个微信号已经满了，开第二个号，以后主力用这个号和大家交流。有了这条信息的铺垫之后，大部分的粉丝都不会产生太多的疑惑。

2. 运营以及转化客户

当客户添加到你的私人微信号之后，你就有两个渠道去与客户发生连接，一个是通过朋友圈的信息，另外一个就是一对一的聊天窗口。

朋友圈应该发什么内容？这个问题的背后是你希望粉丝觉得你是怎样一个人，对应与你需要做的就是怎样在朋友圈内塑造自己的IP。创业者的朋友圈内容至少需要有以下几个要素：①个人生活，个人照片越多越好，去了哪里，见了什么人，做了什么事情，统统都可以晒出来。这样在微信粉丝的眼中，朋友圈的你是真实的个人，只有真实，才会有信任。②关于垂直细分领域的持续输出，例如你是做肠道健康领域创业的，就需要输出这个领域在受众层面上的干货，而且还需要持续，例如和肠道医生的交流，医院院长的会议等等，让粉丝从你的朋友圈的输出，对你产生在这个领域的信任感。③针对不同类型客户需求的客户见证的内容信息，这个是成交最有效的方式，不生硬地推自己的产品。也就是不断地晒成交信息，以及客户的反馈。④产品或服务相关的优势以及内容。这点我把它放到最后，其实也就是建议创业者在运营朋友圈的时候把这块的重要性相对放在最后，而不是一味地发产品信

息来刷屏，刷屏要分内容，而不是给粉丝带来垃圾信息。

朋友圈是你向别人展示你形象的窗口，所以管理好朋友圈是一件非常必要的工作。你可以把朋友圈想象成为一张报纸，对照报纸的方式来生产朋友圈的内容。比如，每天更新，这就是日报，比如说内容很多，我的朋友圈的标准是每天更新20~30条。比如说内容的类型，有信息类的，比如说行业新闻，你可以转发其他平台的，比如说，报纸有广告，那么你的朋友圈里，也可以承接广告，比如说，报纸有供求信息，那么你的朋友圈里也可以有，这种类型的信息，既是广告又是内容。当你的朋友圈里面，汇集了大量的有价值的信息的时候，一定会吸引到更多人的关注，不要害怕刷屏，你的目标客户人群，是不会讨厌和自己有关的信息的。

如果有足够多的好友，也可以利用朋友圈策划一些活动，比如转发、集赞兑礼品、发红包、有趣的互动等，以此来激发朋友圈的活跃度，增强客户的黏性。这样他们才能持续关注你和你的产品，在潜移默化中受到影响，从陌生到熟悉到依赖，加深彼此之间的认可度和信任感，从而创造更多的成交机会。

3. 一对一聊天应该如何和粉丝互动

成熟的微信直营公司都有专门的客服团队来进行一对一的互动沟通，也会根据不同潜在客户情况开发解决需求的话术，这块需要根据实际运营来沉淀。

关于微信号的运营，因为随着流量越来越多，好友越来越多，一个人是忙不过来的，很多时候都要应付粉丝的提问。而每一个粉丝提问的背后，都有着一个实际的需求。创业者在开发自己产品以及服务的时候，可以分成流量产品+盈利产品来搭配，通过低价的流量导入产品使得粉丝转变成客户，有了第一次流量产品的铺垫之后，再引导客户购买盈利产品，商业模式这样来搭配，能够更好地激活粉丝池里面的潜在用户。

所以创业者在设计自己的产品时候，一定要有一个能够让粉丝相对低代价购买的性价比很高的导流产品。只要这个粉丝与你产生了金钱关系，下一步的沟通以及成交也就更容易。以我为例，我的粉丝池运营中，导流产品其实就是我自己写的书，每本不到100元，很多微信粉丝都愿意购买，而购买我书籍的粉丝对我有更深入的了解，刚好匹配他们的需求，后面选择我的更高一级产品，社群——触电会。这个就是转化运营粉丝池的逻辑。所以创业者在做粉丝一对一沟通的时候，也要提前把自己的产品或者服务体系做好，形成导流产品+盈利产品的组合，更好将粉丝变现。

互动成交的客户又可以通过晒出朋友圈来成为客户见证，从而吸引下一批的潜在客户产生购买行为，由此形成持续的转化成交。

在粉丝沟通运营上，我的做法是，公司每个同事一个人平均拿着4个微信号，自己只拿着1个，我个人平时承接了一部分的朋友圈内容的生产，作为一个自媒体人，对内容的敏感度是很高的。其实，整个触电会的运营团队也就只有6个人，基本上每个人都会拿着几个我的私人微信号。

现在大家来反思一下，你加了那么多粉丝、好友，有没有和每一个人都打过招呼、自我介绍、互动聊天过？你是不是清楚地知道每一个的来源，并为其设置备注？

关于日常互动需要注意的几个方面：

①一开始的打招呼自我介绍要简明扼要，重点阐述你是谁，你能提供什么价值及一些礼节性的寒暄即可，切忌过长，会使人没有耐心看完。

②日常互动要优雅得体，尽量不要群发，哪怕用同一个文案进行局部修改，带着称谓一一发出去，这样就显得有诚意了许多。

③杜绝发骚扰信息，类似虚假广告，清理微信等。

④在向对方提问或请求帮忙前，要先了解对方的基本情况，针对性地提问，不要问对方并不专长的领域，有事说事，不要先问"在吗"，会让人觉得尴尬和为难。最后记得道谢，感谢对方付出的时间和精力，并适当给予一些回报或者另找合适的机会回报。

那么多微信好友，多则甚至上万，诚意是相互的，你献上诚意，对方自然也会尊重你。完善这些细节，对人脉和客户的管理和维护就能得心应手。

4. 如何设置机制让客户口碑裂变

既然是客户的口碑裂变，这个方式的前提是，原有客户对于你的产品或者服务是满意，这才能带来口碑裂变。所以产品或者服务靠谱是前提，核心关键是做好客户裂变的激励机制。激励机制也可以分为两种，一种是直接推荐奖励，另外一种是升级服务。两种方式创业者可以根据自己的实际情况来设计。

升级服务指的是老客户推荐新客户购买，你为老客户提供更高一级的产品或者服务。举个例子，例如你是做培训创业的，你将培训设置成4个层次的课程，层次越高，则费用越贵。当购买层次1的客户推荐了两位老客户购买层次1服务，你就为该客户升级提供层次2的培训服务。这个裂变机制就是升级服务。好处是对于创业者而言成本很低，而且老客户推荐的时候心理门槛较低，不会存在可能因为赚朋友钱而抹不开面子的情况。

升级服务的进阶版，专门设置一个对客户很需要的产品C，但是这个产品不能通过直接购买获得，或者通过购买价格十分昂贵，但是可以通过推荐3个低层产品A或B的客户，通过积分来获得这个产品C。之所以说是进阶版，

是因为产品C的目的并不是用来做销售的，而是用来做老客户推荐新客户的专属产品。

而直接推荐奖励则很容易理解。就是对老客户推荐新客户直接奖励金钱或者给到产品折扣，激励老客户介绍客户的积极性。这种方式也有很多变种，例如流行的3人拼团，1人免单等活动，都是针对拉新的直接奖励。

要求客户推荐最好的时间点就是在客户反馈满意评价的时候，这个时间点也最容易达成老客户裂变新客户，在微信个人号运营的时候不妨好好把握住这个点。

以上两大类型的裂变机制，创业者都可以参考。

5. 口碑促进裂变的三大重点

对于创业而言，口碑是最好的宣传方式。来自用户的口碑让你的产品更容易销售出去，带来更多的用户；而代理的口碑更重要，代理能动销起来，产品持续卖出去赚到钱了，则会带来更多的代理。

不管产品也好，社群也罢，营销起盘决定着你能不能从零到一，客户、粉丝、代理的满意度口碑决定着你能不能从一到一百。

以口碑促进裂变的几个方面，给大家划一下重点：

①产品+服务是好口碑的根源；

②差评是逆袭的绝佳机会；

③口碑要可视化，晒出来。

1.产品+服务是好口碑的根源

微商现在的产品都是正规合格三证齐全的，越来越多的传统大品牌方也开启了微商部门，作为新的营销线路。但在微商刚刚兴起的时候，也出现过

一些产品良莠不齐的情况，无论当时多么火爆，稍微拉长一点时间来看，逃不出失败的命运。

因此，质量优秀的产品和服务是好口碑的根源。收获第一波好评以后，要建立起跟代理和消费者的良好沟通渠道，及时收集大家的反馈。从而小步试错，快速迭代，持续创新产品，留住代理和消费者。

我比较少强调产品，微商是以人为本，微商思维是裂变思维、卖机会的思维、信任的思维和社群的思维等。但是这都有一个前提——产品和服务是好的，这是默认的。

因为传统企业没有一个不是"产品"思维，天天说自己产品如何如何好，捧着就像如获至宝一样，结果卖不出去，不懂得重视人的作用。为了给大家树立起微商思维（你做不做微商都要有微商思维），所以"矫枉"的时期就是要"过正"。

我不重点强调，并不代表不存在。好产品是前提。

2.差评是逆袭的绝佳机会

在电商上买东西，大家已经习惯了去看评论。如果看到几条差评，估计已经放入购物车的东西也会被清出来。有报告显示，消费者平均在差评页面的浏览时间是商品介绍页面的5倍。以前，一条批评的信息一个人会在线下告诉5个人，现在在线上他会传播给5000个人。

社群就更加如此，如果没有粉丝的口碑支持，一个群里有那么几个人跳出来一起反对和批评，很多人也会跟着说几句（其实可能只是一点小问题，不是真正的不满），剩下的人看热闹，那这个社群就做不下去了。

所以大家都对差评敬而远之，恨不得一辈子不要见到。

但是我有一个观点：黑粉也是粉。粉丝批评你说明还有关注，如果能够"黑转粉"，他以后的忠实度和支持度，一定比一般粉丝更大。因此，把差评处理好是一个口碑逆袭的绝佳机会。

造成差评的原因千差万别，但是处理的时候一个原则就是尽量圆满地化解，激化矛盾不是一种高情商的做法，我从不在言语上胜过别人。甚至要多付出一些，自己吃一些亏，让他感受到诚意，让他感动。绝大多数人都是可以沟通的正常人，没事到处找茬、碰瓷的是极个别的，遇到了就花点钱送他走。

3.口碑要可视化，晒出来

口碑要可视化，晒出来。微商在这一点上深得其要。

一个粉丝使用了你的产品和服务，解决了一个痛点，很满意来表扬你；一个代理销售了你的产品和服务，赚到钱了，来告诉你，第一时间要干什么？给他们发红包表示感谢或者鼓励，然后截图晒出来。

这跟名医走廊里面挂满了"妙手回春"是一个道理。好的评价只有可视化，秀出来，才能让更多人看到，给对你产品还犹豫不决的人以信心。相当于是你的成功案例，是实力和产品体验最好的背书。

但是，在口碑可视化时要注意一个度的把握，它应该是一个锦上添花的作用，滥用和过多宣传就有王婆卖瓜的味道，过犹不及。

朋友圈相对来说是比较合适的可视化场地，因为朋友圈的媒体属性较弱，属于个人的自由展示，相对来说随意、随时随地。所以，有什么口碑，第一时间发出来就好。

公众号和微博相对来说受众更多，更为正式一些，因此，在上面专门发布口碑好评信息不合适。可以用一些巧妙的手段，比如插入软文，或者在一些文章评论里面偶然提及。这种看似不经意的提及，更有说服力，说者无心听者有意，粉丝会接收到相应的背书信息。

大家可以关注我的公众号mrbrand888，里面有能够联系到我本人的微信二维码，可以领取一份价值8000元的微商创业实战案例课程，是"触电会"会员内部创业的实战精华。

第六章

联合发起人模式

1. 联合发起人模式运行

作为移动互联网领域的一朵奇葩——微商行业，之所以能够以超过传统企业10倍甚至30倍的速度增长，核心在于这个行业80%都用了联合发起人模式，而这个联合发起人模式也被很好地借鉴于其他商业模式的升级。在触电会内，不少会友也用联合发起人的模式来创业，在触电会内部找几十个联合发起人，提供价值给他们，筹集100万以上资金及代理启动创业项目，不仅引入了资金，还利用这个模式在短时间内支起了销售网络，让自己的产品或者服务通过联合发起人触达到更多的消费者或者用户。

联合发起人模式最好的方式是将自己前期积累运营的种子C端客户转化成为公司项目B端的代理，或者是合伙人。这样一来通过这个模式调动了原来客户自己本身的资源，一起将自己的创业项目做得更大。联合发起人就是比你的客户还要更信任你的一批人，参与到你的项目中来，与你的项目一起共进退。

看到这里，不少创业者可能开始跃跃欲试，希望通过这个模式来实践自己的创业，不过这个联合发起人模式在触电会内之所以流行，是因为社群内

部的会友在社群门槛，以及前期的接触中，已经解决了这个模式中最重要的一个问题——信任。如果创业者希望通过联合发起人的模式来实践，需要问自己一个问题——是否有足够的人足够信任自己？

传统思维的创业是创业者做出产品，然后把产品概念提炼出来，通过不同的渠道做推广触达到潜在客户，客户被渠道上的广告吸引产生信任，从而形成购买。这条路径是从产品的角度出发，通过在产品以及推广渠道的投入，塑造可信任感，从而达成购买。所以我们会看到现在主流媒体上报道的绝大多数的创业者，都是做出产品原型，找到VC融资，将大笔的费用投放在市场营销上。这种创业模式就是基于前文所说的传统创业思维指导下的产物。

在传统创业思维的指导下，不少创业者纠结于如何找到大量的资金去支持自己的产品或者服务能够到达消费者的手中，于是有了广告投放的资金巨坑，独立APP渠道的巨坑，建立庞大销售队伍的巨坑……融资自然成为这种创业思想指导下的必然行为。而带着融资压力前行的创业项目，99%的结果都是沦为一地鸡毛，这样的案例在中国移动互联网领域比比皆是。

那么，如果换一种创业方式，用联合发起人的模式来创业，创业者们应该如何来做？这是下文将要探讨的重点内容。在谈论一种创业模式或者创业行为背后，我们抓住其背后的指导思想，也就抓住了事情的本质。

联合发起人的核心关键是需要积累个人的信任度，其逻辑是通过资金投入或者价值输出或者社交等方式积累别人对于自己的信任度，形成小圈子内的IP，然后基于自己的项目推出联合发起人的合作方式，让信任你或者看好你个人的人在项目启动阶段就参与进来，一起推动这个创业项目。行业内做得更多的是联合发起人出资金，取得参与这个项目的代理权，从而参与进来形成该创业项目的利益共同体。站在创始人的角度，通过有信任度的IP，积累一批追随自己的联合发起人，不仅解决了资金来源问题，还解决了产品销售渠道的问题，因为这些联合发起人取得了代理权，他们就是让产品触达至消费者的一个个大节点。

在这个思想的指导下，个人创业者需要投入的重点不在于做广告来建立产品信任度，而在于塑造信任度来树立自己的个人IP，塑造自己的项目。让更多的人参与进来，成为项目的联合发起人，从卖产品的思维转变到卖IP，卖项目的思维。

上文案例中提到的"纹绣哥"的案例，他一开始加入触电会之前也是沿用传统的电商方式来做自己的业务，加入触电会之后，通过在会内的学习交流，很快他就用微商思维来改造自己的商业模式，通过联合发起人方案在项目一启动时就拿到50万资金，招募了种子代理，而且有信心在短时间内能够通过代理体系的建设以及社群裂变，做到过亿的规模，这就是联合发起人模式的魅力。

微商自媒体大咖王易有一次说"他吃过最贵的小龙虾，是他带着40个人去吃小龙虾，结果40个人被这个小龙虾老板洗脑转化成联合发起人（交8888

元），买100盒小龙虾成为代理。即他花32万元吃了一顿小龙虾。"这个龙虾店的老板就是用了联合发起人的创业思维，本来1000元不到的一顿小龙虾，赚了32万元，传统生意思维及电商思维永远想不到，也做不到。

联合发起人模式能够成功，必须要能解决以下问题：联合发起人是否能够从你的创业项目中获得他们期望的价值？解决这个问题，你的联合发起人模式创业也就成功了80%。这个价值可以分为两种，第一种是消费的价值，这样一来，这个联合发起人就是你最为忠实的一批用户。第二种是认可消费价值后的能够投资赚钱的价值，你的项目代理权给到他们，他们能够通过代理你的创业项目挣到钱。符合第二种情况的联合发起人就是你最好的销售网络。

产品的靠谱匹配第一种消费价值，而人的信任度或者项目的靠谱匹配第二种投资赚钱的价值。上文提及的小龙虾的案例，就是小龙虾的产品口味得到40人的认可，产品靠谱。而老板提出来的这个项目的联合发起人大家觉得靠谱，觉得做出这么靠谱小龙虾产品的老板人也不错，信任老板这个人，觉得可以通过代理这款产品挣到钱，也就纷纷支持这个老板。如果没有接触这个老板IP，这40人也就仅仅是到了消费者这层关系，无法进展到联合发起人的角色。老板本人作为信任节点，是收到32万的核心关键。

在小龙虾老板的案例中，就是让信任你的用户出钱，支持你成为你的代理。他看过你的产品或服务，验证过是否真的存在需求，考虑过后加上对你的信任，成为你的代理。既是你的客户消费者，又是你的合作伙伴和渠道，同时也解决了你起步资金的问题，这才是踏实的起步方式。

在联合发起人模式中，除了把联合发起人权益做成代理权之外，也可以将其打包成社群的权益，从而提升传统商业零售的效率与温度。

我把联合发起人制度作为新创业路径的倒数第二步，是为了让创业者能够更好从自己的粉丝池中筛选出消费者，进而再筛选出自己的事业合伙人，这个路径适合于大部分的创业者。当然联合发起人制度也适合于有创业者的项目启动期，通过身边强关系，以及中关系网络，用联合发起人模式引入资源以及资金。针对这种创业模式，第一批"种子用户"(也就是第一批联合发起人)如何获得就显得十分重要了。

2. 如何找到第一批种子用户

微商行业的10个种子用户理论：很多不在我们行业的人，就是不理解一个农村出来的初中毕业生宝妈没有任何管理经验，如何管理几十万微商团队？外行人总觉得吹牛，其实一个几万、几十万微商团队头头，只需要管理10个人就足够了，靠这10个种子用户裂变，以及微商代理制度去裂变。微商行业只需要10个核心粉丝就可以赚几千万，超越了那个著名的1000铁杆粉丝理论。

因此，第一批种子用户的获取，就是意义最重大的万里长征的第一步，意味着有人认可你的产品或者服务。

想要获取种子用户，自然得先想明白，什么叫种子用户。

第一批用户 ≠ 种子用户。

获取第一批用户的方法有很多，活动运营、现金奖励和渠道地推等等。这群人可能是你的目标用户，但绝对不是种子用户。种子用户是在你的产品只有雏形的时候，愿意在早期参与到你产品的创造和生长过程中，愿意在产品的土壤里生根发芽，这才叫种子用户。他们对你的产品有认同感、归属感，甚至是主人翁精神，他们能够理解你的初心、包容产品的不足，有能力且愿意参与到早期的开发过程中去。

那么如何获取第一批种子用户呢？

①先从强关系起步；

②再审视中关系；

③营销覆盖弱关系。

先来看看"强关系"和"弱关系"。

强关系说白了就是跟我们联系最频繁、关系最紧密、利益关系较深的人，比如父母、亲人和密友等。强关系链接通常是代表着行动者彼此之间具有高度的互动，在某些存在的互动关系形态上较亲密，因此，透过强链接所产生的讯息通常是重复的，容易自成一个封闭的系统。

强关系网络内的成员由于具有相似的态度，高度的互动频率通常会强化原本认知的观点而降低了与其他观点的融合，故认为在组织中强链接网络并不是一个可以提供创新机会的管道。一个人的亲朋好友圈子里的人可能相互认识，因此，在这样的圈子中，他人提供的交流信息总是冗余。比如，我从这个朋友或亲戚听到的，可能早已经在另一个朋友那里听说了，而他们之间也都相互交谈过此话题。

弱链接理论则由美国社会学家马克·格拉诺维特（Mark Granovetter）于1974年提出。格兰诺维特指出：在传统社会，每个人接触最频繁的是自己的亲人、同学、朋友和同事，这是一种十分稳定的然而传播范围有限的社会认知，是一种"强链接"现象。同时，还存在另外一类相对于前一种社会关系更为广泛的，然而却是肤浅的社会认知。例如一个无意间被人提到或者打开收音机偶然听到的一个人，格兰诺维特把后者称为"弱链接"。

但是，弱链接在我们与外界交流时发挥了关键的作用，这些弱链接，是我们与外界沟通的桥梁，不同地方的人通过弱链接可以得到不同的信息。最亲近的朋友可能生活圈子和你差不多，你们的生活几乎完全重合。而那些久

不见面的人，他们可能掌握了很多你并不了解的情况。只有这些"微弱关系"的存在，信息才能在不同的圈子中流传。弱链接的威力正在于此。

研究发现："弱关系"虽然不如"强关系"那样坚固，却有着极快的、可能具有低成本和高效能的传播效率。因此，可以说强关系在于像金字塔一般牢固地构成了你真实生活世界里的人际关系，而弱关系的功能在于信息流通。

而我提出"中关系链接"：那些有过交集和交往的人，甚至是同事、同学和邻居，但是平时接触并不紧密；或者私聊较多的、甚至你会主动关注他的状态的网友，被称为中关系。即从弱关系进化而来，或者从强关系中淡出（不是因为交恶，而是时间地点疏离等客观原因），都会成为中关系。

中关系会比强关系带来更多的信息量和机会，因为你们的交集并不那么多，每个人都有自己的主业、圈子和空间；但是又比弱关系更紧密，更了解彼此的情况，相对更加信任一些。

在强关系中，彼此有多少能力、目前事业进度怎样、社会关系如何，都是实时更新的，每天直播。相互的认知和信息基本也都大部分重叠，没有太多新鲜的含量。即使有重大的信息、机会，也是第一时间就反馈和消化了。

强关系很重要，要用心维系，添砖加瓦，使我们的金字塔更加牢固。但是更多潜在机会、新增量的空间，往往就要从中关系里面去寻求了。

中关系就像是隐藏宝藏一样，可以挖掘出巨大的机会，可以实现梦想。

挖掘和开发中关系的潜在机会，要注意几个方面：

（1）分享交流，自我展示

聆听、交流、分享，是开启中链接的有效方式。首先要将自己的价值输送出来，讲内容、讲干货、说感触和分享收获，只有这样的自我展示，分享你了解的每一个有价值的信息，或者对别人有帮助的内容。因为主动分享会让别人有机会了解你，让大家看到你做的事情，你的追求，才会对你感兴趣。

（2）定位方向，加强链接

在跟人交往的过程中是需要主题的，就是你们关系的主旋律。你们是因为什么产生了链接，什么主题和方向是你们共同的语言，这也就决定了你们的交集会产生在哪里，定位好这个方向，加强链接的频率和深度。不然一般非血缘的关系，因为没有具体的事情和共同环境，一定会淡化。

一般两个人在短暂的交谈后，应该在接下来的一两天内，进行第二次联系，继续跟进双方感兴趣的话题，并趁热打铁敲定一些共同的方向和下一步合作。只有这样，才能成功将一份弱关系拉进自己的社交网，将中关系随着合作晋升为强关系，形成一种稳定的联结。

（3）切勿急功近利

春种一粒粟，秋收万颗籽。凡事都需要先舍后得，先付出再收益。比如一开始先分享，从这样的抛砖引玉中，才可能收获别人的注意，再产生进一

步交流和分享。

聪明人通常会用自己的努力和成绩，去撬动更多的收入和名声。但如果他们掌握了社会资源的构建和经营能力，就可以利用平台和系统去放大努力的效果，形成一个网状的良性循环。独木成林的过程需要耐心和等待，万事不可一蹴而就。

你对他人是否有尊重和耐心，每个人的眼睛都是看得清楚的。经营中关系，与其说是打造人脉关系网，更可以说是寻找志同道合的朋友，不是将关系占为己用，而是让自己在这条路上不再孤独。

怀着这样的心态才能够带来好感，而有时好感又胜过一切。所以，最终真正有效的关系，总是来自真心的交往，而不是出于功利目的的点赞之交。

看战争片，大家总能见到作战指挥室里面一定会有一张很大的作战地图，敌我情况如何，怎么排兵布阵，这就是所谓"运筹帷幄之中，决胜千里之外"。

这个动作是非常关键的一步。

对于找到起盘的第一批种子用户，要列出所有能够成为种子用户的"作战名单"。如果你不会列名单，只靠着自己无序的摸索，可能大部分人在达到100个人的时候就会出现瓶颈期。

所以，做任何事情任何项目，刚开始一定要梳理自己身边的资源，列出自己的资源和潜在种子客户清单，越详细具体越好。然后根据列出来的资源清单，去找出自己最容易搞定的资源，去进行沟通、连接、分享和聊天，先从自己身边最容易搞定的资源入手，也就是强关系入手。

强关系的人是和你经常保持联系、信任你、认可你的人，你的家人、亲戚、粉丝、挚友和同学等。每一个人的身边肯定有一些资源，资源即人脉，人脉即钱脉。强关系是最信任你的，也是最支持你的，那他们成为第一批种子用户的概率非常大。

强关系解决完成之后，再来梳理自己的中关系。中关系是我们生活过程中产生过很多交集、交往以及交流的这部分人，也有一定的信任度。跟他们如何加强链接，上面已经专门阐述过了。

接下来就是弱关系，我们认识的人，可能是点头之交，微信好友或者是参加某种社交活动认识的人。那么要做的事，就是把这些人的名单梳理出来（有一定潜在可能性的），然后一个一个去跟他们沟通。注意，一定是一对一走心的交流，不是群发一条广告式的信息就没有下文了。

除了信息沟通，还有几种方式可以尝试。一是免费送产品的体验装或者服务的体验，免费送、大量送、到处送，让弱关系给你反馈，给红包请他们帮忙发圈推荐。和弱关系多沟通交流，先从朋友做起，多要产品反馈，让他从心里开始接受你的产品，没有朋友之间的信任就没有产品的信任，要多与之交流，聊家常、聊工作、聊生活，等等。最后慢慢聊到你的事业和产品，聊你为什么要做这个产品，初衷是什么，因为什么原因做这个项目和产品，也许你的事迹会让他认同，最后认可你的产品和项目。

这个名单越大越好，把你所有能想起来的人，我们所谓的强关系、中关系以及弱关系，都写在名单上。名单要随时补充和调整，如果名单不整理，等于这个名单会变得无效，所以要随时增补名单。

对潜在种子客户的信息要以不同的名单分类备注，哪些是可以见面的，哪些是微信聊天的，哪些是可以打电话沟通的，尽量去按照这样的备注去联系沟通。先试探性地去沟通邀约，到最后有信心的有激情的有状态的去沟通邀约，你会发现成功概率越来越高。不要轻易放弃，坚持加练习。

其实也是CRM（客户信息管理系统）的早期雏形。

在前期没有种子代理时，可以开线下招商会，人不用邀请太多，尽量邀请认可和信任你的人，以保证最大的转化率。宣传物料、营销方式、成交话术、现场呈现，都要精心设计，团队也要多练多演。

招商现场，尽量做到一对一的交流沟通，解除他们的一切疑虑，再给到他们想要的东西，现场就很容易成交转化，解决他们的疑虑，再给他们想要

的，转化就顺理成章了。同时现场气氛要烘托到位，主持人非常关键。

　　任何产品的出现，都需要一批种子用户来进行裂变和传播，最后达到爆发的状态，如何寻找种子用户也成了每一个新项目起盘的首要任务。

大家可以关注我的公众号mrbrand888，里面有能够联系到我本人的微信二维码，可以领取一份价值8000元的微商创业实战案例课程，是"触电会"会员内部创业的实战精华。

第七章

基于用户的商业模式升级

　　基于用户的商业模式升级其实就到了真正意义上围绕着用户来构建业务版图的模式，这也是我提出新创业方法论的最后一个环节。如果你的创业项目已经走到客户口碑裂变的阶段，也就是有老客户帮你推荐新客户进来，则意味着已经完成了创业从零到一这个最难的阶段。如当创业项目已经通过联合发起人模式建立起了庞大的客户网络的时候，实现稳定增长，则意味着已经完成创业过程中从零到十的过程。而如果需要从十踏上一百这个台阶，则是站在用户的角度来重新构建。

　　创业者创业之初，往往都是基于一款产品，或者一种类型的服务完成前期的积累，以及商业模式的形成。特别是在我的新创业方法论体系下，垂直细分的定位也意味着产品或者服务相对狭窄。而基于用户的商业模式升级，则是围绕着前期产品的客户的其他共性需求，做成一个围绕着客户的产业链。这个转变就是原本将1款产品销售给100个人，转变为将100个产品销售给1个人。如果一款产品利润是10元，客户人数是100人，那么在模式升级之前，则能够赚1000元，而基于用户需求模式升级之后，也就是将100个产品卖给1个客户，而客户人数100人，这个利润就是10万，增长了100倍。

　　例如我有个触电会会员是做泡脚产品的，这个产品主要受众都是中老年人，他通过个人IP的打造，联合发起人模式，将自己的销售网络铺向全国。通过泡脚产品建立起销售网络以及客户认同度之后，他开始围绕着这部分中老年人需求，开发针灸、足贴等多品类产品，围绕着中老年人的大健康需求升级自己的商业模式以及服务。

可能有读者要问，这与传统企业围绕统一人群需求，开发不同系列产品销售出去有什么不同？其实这也是新旧创业的区别，在传统或者电商渠道，品牌与客户接触形式上是品牌机构、渠道上是基于通路或者网站。而在新创业的体系中，品牌与客户的接触形式上是个人IP对人、渠道上是微信等工具直达。在新创业的体系中，才能有真正意义上，能实现对客户点对点的，有温度的服务，从而才能够实现真正意义上客户运营与沟通，将100个产品或者服务，销售给同一个客户。

基于用户的商业升级还有一种手段，是建立匹配客户属性的社群圈子，这点上也有不少触电会会员店的实践。例如将凡是买过名贵珠宝的客户通过社群的方式运营连接起来，形成与客户身份需求匹配的圈子文化。后期导入名表、名酒等产品，或者是其他类型的服务。只要这些客户认可创业者的IP以及社群圈子的价值，其他产品或者服务他们都愿意购买。这也是做到了将100个产品或者服务，销售给同1个客户。关于社群运营的详细内容，会在后续章节详细阐述，这里不做赘述。

从第三章到第八章的内容都是在讲解我提出的新创业方法论的每一个环节，从第九章开始，更多的是我对于新创业在不同场景下的思考以及实践，希望给读者带来更多的启发，创业者可以针对自己的实际情况来做参考。

大家可以关注我的公众号mrbrand888，里面有能够联系到我本人的微信二维码，可以领取一份价值8000元的微商创业实战案例课程，是"触电会"会员内部创业的实战精华。

第八章

如何以社群模式创业

做社群这件事情，和做产品不一样。一般来说，社群的创始人需要具备一定的影响力。如果你在决定做社群之前，就已经是一个意见领袖，那正好。如果你不是意见领袖怎么办呢？

需要用一系列的动作步骤，慢慢把自己做成一个意见领袖，这是在做起盘之前的一些准备。打造创始人的个人IP，让创始人成为意见领袖。如何将自己打造成为一个行业的领袖人物，通过怎样的方式来打造呢？

我跟其他的自媒体人不太一样的地方，就是把最重要的阵地，放在了个人朋友圈的运营。我有23个私人微信号，这是最重要的运营阵地。这里面的核心秘诀就是朋友圈内容的持续运营。

触电会所有的动态、行业内新闻、会员信息，每天都在我20~30条朋友圈里面体现。对于粉丝来说，大家都会经常主动翻看我的朋友圈，这里面有很多有价值的干货，我的评论，行业最新趋势，微商头部资源等。

对于会员来说，除此之外，还有一个重要功能，就是微商界的CCTV——我可以覆盖到10万+的精准微商人群以及500万的泛粉。

所以做社群起盘之前的第一步，就是打造自己的个人影响力。

要开通和布局自己的新媒体矩阵去对外输出内容，微博、头条、微信公众号、抖音等，通过这些渠道建立自己的对外发声通道，然后通过一定的运营，让自己积累一定数量的粉丝。每一个渠道的粉丝特性和平台机制是不一样的，需要花心思去研究。

这个步骤的重点是，培养自己的自媒体的感觉，通过持续的对外发声营造影响力。但最高明的步骤在后面，因为这部分产生影响力以后，并不能引发变现，这也是很多在微博上面有几百万粉丝，无法变现的很重要的一个原因。

我是靠运营微博起家的，在2009年微博最开始出现的时候，就注册了微博号，把一些自己的见解，还有行业的资讯信息，全部揉碎再组合，在微博上做成140字发表。

这是一种产生内容的方式，就是找到内容来源，进行一遍再加工以后，展现到内容和发布平台，在这一点上，这一招在当下依然通用。比如，现在抖音很多塑造IP的方式都是这样的，提前准备一段话，直接对着镜头录制说出来，然后直接发布。这样的方式产出内容相对容易，是一种非常常见的抖音形式，我现在依然在这么做。

可以理解得再通俗一点，找到内容的来源，比如说图书，比如说一些培训的教程，比如说一些语音的资料，把他掰开揉碎，进行深度的加工，加上自己的个人见解，再一次输出，这就属于原创的内容。

很多人都很纠结内容不是自己的，你发现每一个大师在输出之前，都是在备课的，备课的过程不仅仅是在搜刮自己的脑袋，更要旁征博引、引经据典。我们每个人都是一个链接者，重要的不是我们自己有什么自己的解决方案，而是我们知道解决方案在哪里，我们能够第一时间找到。

我的做法就是通过持续不断的产出内容，在微博等平台上，通过持续的运营产生批量化的粉丝。如今各个平台的红利期有的已经差不多过去，有的风头正劲，有的还在萌芽。但是不管是哪一个平台，靠这条路做出来的都是影响力，必经的步骤。

1. 社群构建逻辑

社群成立4个关键点

从新创业角度来说，我提倡每个创业者都要建立一个自己的付费社群——加满十个私人微信号，至少一个付费社群。本章内容我会以我的触电会社群运营为例，为大家剖析社群模式的创业细节。

经过了5年的运营沉淀的触电会，已经成为中国微商业内拥有巨大影响力的高端社群。现有会员1000人，涵盖了中国排名靠前的顶级微商品牌老板、操盘手、代理团队长、供应链、转型微商传统企业主，还有旅游、培训、会销等服务方。

以触电会为例，可以梳理一下打造一个社群产品的4个关键点：

①要有一个唯一的、清晰的IP；

②积累粉丝并与粉丝建立信任；

③启动社群，清晰的变现模式；

④要有清晰的运营工作清单。

▲ 会内品牌方直接对接会内的团队长

最早我做粉丝聚会专题分享的时候，还没有自己的办公室，就定期在一个咖啡厅举办，每一期都会有十几个人，坐在一起，交流在做什么，怎么做的，每一次都会有一个特定的主题。这种聚会的意义在于一个特定的主题，就会吸引到一部分特定的人，人群的相关性很强。再一个对于参与者的吸引点在于，能够认识人，结交人脉。一直坚持了很多年，到现在还在持续，现在变成了只有会员能参加，每周四下午的会员日，还有周六的主题沙龙，之前都是免费的。

所以，一个是我的个人号，每天推荐十个人，一个是每周的线下聚会，这两个动作一直持续了很多年。这就是触电会能够起来，并且发展到今天的一个非常核心的因素。

简单的事情重复做，这个就是最大的干货。我也总结成了一句话：在固定的时间，固定的地点，做固定的事情。

当你完成了影响力的打造，把粉丝沉淀到个人微信号，又能够坚持不断地做好线下聚会，基本上，你的粉丝对你的信任度就已经形成了。

这时候就可以开始正式启动社群了。

确定了核心IP人物，找到了社群的清晰地定位，接下来就是找到产品+服务的清晰地变现模式，就是靠什么来赚钱。

比如触电会，每个会员都是按年付费。这个就很清晰了，所有的工作都围绕着会员进行，所有的运营工作，也是围绕着服务会员，让会员得到价值感这条线。

社群本身就是一款产品，一款虚拟的产品，不像是一个实际的产品那样的具象。社群是一个以人为核心载体的组织，核心一定是人，所以在做一个社群的时候，首先要确立这个社群的IP人物到底是谁？让其具备一个清晰的性格。

给这个IP人物设定好，与社群成员的链接关系，拆解成线上如何呈现，线下如何呈现。这个就是整个社群成立的基础。如果没有IP，社群就是没有灵魂。

这是第一点，首先要打造一个IP人物，这个IP的打造阵地有很多，但是最有效的就是在个人微信朋友圈，做好朋友圈的内容规划，是规划IP的最重要的真谛。

找到社群的核心，建立IP以后，接着需要找到一个社群的清晰的定位，什么叫作清晰呢？就是当人们想起你建立的这个社群的时候，就应该很清晰地知道，这个社群是干什么的，这里面都是什么样的人群。

这个人群属性不能泛，必须要保证社群成员要有同样的话题。

也就是定位得重度垂直细分，我在最开始的时候，定位的是电商自媒体，客户对象是电商的卖家，都是电商的卖家在我这里投放广告。但是，当发现越来越多的微商人加入进来以后，客户群体就发生了很大的转变。在这种情况下，我就对外发声，将触电会的定位转为一个专注微商的社群。

这就是市场敏感度，发现趋势以后，果断转型，就是顺势而为。当你发现你的会员300个人中，有200个是在做微商的时候，就需要考虑下，这个市场未来的趋势了。

当时这个定位打出去的时候，就意味着放弃了电商领域的群体。所以重度垂直细分，和我们讲的品牌定位是一样的，一定要做到有所取舍。就好比是一堵墙要想穿透他，一个很厚重的物体比如一把锤子是做不到的，但是一个钉子就可以很容易的刺穿。

目前的触电会，在行业内被誉为中国微商俱乐部的珠穆朗玛，中国前200名的TOP微商，80%都在触电会，是中国微商极具影响力的高端生态圈。

社群模式的服务内容

作为社群，最重要的是对会员的服务。直接看一看触电会的会员权益，这样能说明我们提供的价值：

（1）人脉链接

坐拥1000位会员顶尖牛人社群的微商核心资源，有触电会会员仅在会内做生意，创下3个亿的销售业绩；也有触电会会员在会内从零到一起盘微商3个月，每月回款过千万，在会内类似的链接资源合作案例成百上千。

人对社交的需求仅次于生理和安全，社交是刚需。

一旦人群开始聚合，就会产生沟通交流，新的信息和价值就随着碰撞而产生。这也是为什么人人都渴求从人际链接中找到价值和归属感。

触电会的实战给出的启示是：社群虽然定位是个垂直细分的领域，但是一个领域里面的人群也有不同的角色，他们之间会形成新的生态。

最典型的产物是微商资源对接大会，生态里一定会产生相互的需求，会友们在讨论中碰撞出激烈的火花。倒过来要求安排这样一场大会，就直接催生了首届触电会资源对接大会，品牌方和服务方的大对接。

我们把需求和服务都提前收集上，加上会员的姓名、公司、需求或者服务概要，整理成一本会刊，将大量信息进行有效的对接。触电会搭台，会友唱戏，这是社群人脉链接的价值所在。

（2）商务参访游学

每年至少组织6次微商行业内标杆企业的深入游学活动，向几十亿业绩的成功微商企业学习取经经验，跟牛人在一起，打开你的微商事业大格局。

2018年触电会先后带会员走进了先手、大时代和集派等行业知名企业……会员之间用实地商务参访的方式相互增进了解。

聚会的时候，你说我是做什么的，我们的理念是什么，旁听者是没有感觉的。只有当他实地走进了你的企业，看到你们的团队是怎么办公的，你的理念是怎么把它拆解，定制成工作的目标和工作计划分发下去，再去跟进你团队的执行，最终达到结果。包括参访后坐下来，带着问题进行深度的讨论、会议，才会非常的有收获。

对于被参访的企业来说，这是一个绝佳的品牌形象展现的方式。他的结果会通过形式去影响到很多人。对于去参访的企业来说。这比读上10本书，参加5个培训班更有触动，因为你会真真实实地感受到一个企业的成功，跟他的操盘者对话，去了解为什么？

（3）VIP微信群

所有会员进入专属VIP微信群。每周线上邀请微商业内大咖实战式授课，已经连续举办180多期，分享课程已经成为微商界经典教材案例。

触电会线上的微信群，可以说是全国为数非常少的高单价、高质量、高活跃度的社群。大家可以去看一看我们群里面的聊天记录，基本上从早上六点到晚上甚至半夜，几乎没有间断的时候，大家不停地讨论、发言、提问、回答问题、找资源。

可以把这里看成一个行业的生态圈。就像地球上有空气，土壤，水，动物，植物一样。每个人在这里都有他自己的角色，他的需求以及他能提供的价值。我们在线上主办方主要就是组织每周两次的问答和主题分享，产生出来的内容和干货非常优质。

解决方案式社群

很多的观点和评论非常精彩，却只停留在信息分享的阶段，比如平时看到的"马云如何成功?""马化腾、刘强东的经营之道"等等，这些主题听起来很能吸引眼球，但是传统企业老板，或者说社群的会员，可能他们自己都没意识到，自己的内心是很务实的。现在中国应该是99%的自媒体或者社群都是在做信息分享，当时听完都很有大局观很激动，但是回去怎么做呢？还是不知道。

社群必须提供价值，一群人老是在聊天灌水不讲干货，久而久之人气会减弱。触电会社群每周例行有头脑风暴讨论，有主题分享会，邀请一个会员他就要分享有价值的干货，绝不允许做广告。我们每年的标志性3000人论坛，也是直接告诉赞助嘉宾，只能分享干货，不能做广告。

2. 社群粉丝的养成

以触电会社群为例，一起看看已经加入社群的粉丝，在养成环节主要有哪些重要的方面：

①互动、互动、互动；

②鼓励分享，全员输出；

③搭建生态圈，给每一类角色留存的理由；

④满意度决定续费率；

⑤口碑的二次传播及势能。

互动、互动、互动

如果你是做社群类型或者是创业项目中用社群来维护客户，那么除了内容输出之外，做好互动也是在不断强化。

在提供价值之上，还有一点更重要，也是我的独家心得——互动为王。去看看我的抖音就知道了，"互动问答"是我的主要表述方式，而我最火爆的抖音视频都是与粉丝互动的。

我特别注重互动，调动粉丝互动评论。这就是我不写10万+文章依然受到追捧的背后原因。

自媒体仅仅有好内容是不够的，再好的内容也是内容本身，无法与你的用户形成真正的情感互动。正确的姿势是要做有情感有内容及有互动的三好内容才行。

我谈互动的一些见解：

1）不仅仅是文字、内容。你参与的所有论坛活动，线下吃饭，任何一个意义的动作等都是内容，都要好好呈现及秀出来，重要程度不比原创文章差；要互动，要秀自己。一个创业者千万不要一个人吃饭，如果你喜欢一个人吃饭，我建议就不要创业了。中国的传统智慧，什么独处守心，不符合我们这个行业，要创业就需要社交，要打造个人形象就必须要不断地秀自己。

一个好的微商人，或者一个好的自媒体人去吃饭，吃什么不重要，好不好吃也不重要。而是这次的饭菜能不能拍出一张漂亮的照片，能不能够秀出来，比吃饭本身更重要。

实在的核心内容要有，虚的秀的东西也要有。所谓的闷声发大财在我们这个新媒体时代已经不适用了，要不断地展现自己，刷存在感。

2）去年的微博个人自媒体年度总结里，我觉得互动数是最有价值的指标。年2000万互动数是中国最顶级个人自媒体的门槛。好几个在电商领域经验与经历非常牛的大咖，就是玩不好新媒体。

比如直播，对他们来说就是一本正经的对着镜头讲课，他们永远不会领会互动与调动情绪以及发红包的新媒体精髓，所以他们自媒体反而做不过零经验，肚子里货不多的年轻人。

微博的互动数（转赞评）是个务实的指标，阅读量没有什么意义，出现一下都算阅读过，无意义。粉丝少的时候，微博的每个评论你都要互动。

3）如何直播互动：

①对每个打赏你的人，都要说出别人的名字；

②对进入你的直播间的人，要表示欢迎；

③鼓励别人关注你的直播，如：关注主播不迷路；

④对大红包极大的打赏的人（如法拉利），你要特别唱一首歌等表示特别感谢；

⑤直播屏幕上每个人提出的问题，你都要互动回答。

直播的精髓与本质是互动，我最近看了很多人的直播，很多自媒体人及传统行业的人还不了解直播就是"互动+互动+互动"（重要的事情说三遍）。

互动大于干货：很多人直播，就滔滔不绝地说两个小时的干货，结果是没人理睬。直播不是短视频，不是电视，不是单向沟通，而是互动沟通。深刻理解了互动是直播的本质，你的直播就成功了一半。

4）我是如何让1000个触电会会员互动的：

①红包接龙游戏，在红包中让大家互相认识；

②每周两次线上分享互相了解；

③每周一次线下聚会互相了解；

④按照地区聚会，目前有北京、广州、成都、河南、武汉、杭州等触电分会；

⑤每次大型活动，如8月的三千人大会、跨年千人演讲、各种线下巡回沙龙、服务商资源对接大会等等，活动前都拉群，号召大家互粉，活动结束就立即解散，让大家有紧迫感，做到极致。

一个社群的活跃程度反映在抢红包的速度上面，如果一个群连红包都抢不完，基本就等于死群。平时只要有会员进群就发200元，群里有任何的重大合作、信息公示，也发200元的红包；逢年过节都是1000元，只要有十个人以上的聚会，只要我在就发红包。比如昨天会员的社群在广州的揭牌仪式，我一上台就发两个8888元。社群运营的过程中可以规定一个比例，比如收入的20%发出去，回馈给会员。无红包不互动，财散人就聚。

我的微博上都是互动大于内容，微博指数是公开的，大家也可以去查查我的指数，一向都是热热闹闹、人气满满。就是因为跟大家互动特别多。当然，红包只是互动的方式之一，还有很多，像主题话题、互粉，等等。

5）节假日期间，我的私人微信号就是不停地点赞发红包，红包是节日跟大家最好的互动。

最近这几年，我输出的原创长文章越来越少，但自媒体却越来越好，就是因为重视互动。

传统企业在新媒体上要收集一切投诉建议，只要粉丝提到本公司的都用实际行动处理。这样的新媒体运营思路，即使官微及公众号的粉丝为1000，也比靠鸡汤内容吸引来的100万粉丝强。

传统企业老板只看表面的粉丝量及互动量（那些都是虚荣，没有用的），而不关注背后的运营机制的改善及解决实际问题。传统企业老板们不懂，也不关注。

微博互粉，送手机，发红包，美女大赛，每周搞触电会活动等，某种程度上来说，这是一个互动大于内容的新媒体时代，是让参与者去产生内容（UGC模式），我们的信息跟粉丝产生的信息共融。甚至有时候我们什么都不要讲，只调动大家，结果很可能完全超越你的预期。

中国网友是世界上最有才华的一群人。能人多数大隐隐于市，要相信他们。

鼓励分享，全员输出

很多社群为什么最后都慢慢走向沉寂，要么没有认真维护，要么组织方发言了没人理。原因就是没有建立分享型的社群。

在社群里需要营造出分享的氛围，鼓励大家发言，互动，有问题就讨论，有结果就输出。所以触电会的微信群里，每周都有两次线上分享。一个

是会友提问，1000位行业玩家集体回答，出谋划策，碰撞思想和火花；一个是大咖分享，就近期大家关注的热点话题，进行干货输出。

每个人都需要价值感和存在感，当他能够参与到发言的时候，他会觉得自己的声音表达了，能够被听见，有人反馈，就更有兴趣继续发言。这也是互动的一种形式。

因此，在社群建立的时候，一是主办方必须想各种办法来营造这样一种全员输出，分享互动的气氛，通过主题、活动、游戏等等；二是在进社群的时候提出一些要求，比如是一个乐于分享的人。虽然触电会没有这个明文规定，但是一直鼓励大家多发言，多露脸，线下活动都参与，也积极抢红包，才会有更多人认识你，才会有更多机会。

这样做的好处是，当人们参与了，互动了，活跃度会上升。更重要的是，人们对自己参与的，投入了时间和情感的事物，会有偏好。就像种子用户一样，他会产生情感，愿意包容做得不好的地方，愿意提意见，愿意为社群发展再加上一些自己的努力。

能让会友都产生"主人翁"的心态，就大获成功了。

搭建生态圈，给每一类角色留存的理由

以微商行业的轻链接为主，引导里面形成了一个生态圈，大家形成一个链条。前面提到会有各样的角色，那其实每一个角色决定了它的诉求和能提供的内容是不一样的。我们作为一个平台来说，就要尽量去给每一类的角色提供一个留存的理由。

比如说品牌方，在触电会里面，除了希望得到行业的信息、动态趋势等信息之外，还会希望找一些好的服务提供商、供应链。他们也会想跟自己同等能量的这一群品牌方同行进行交流。

对于供应链、服务方来说，每年几次的资源对接大会应该说非常精准的帮他们将潜在客户以及客户的需求挖掘出来，给了服务方现场去接触很多需

求方的一个平台。以及平时在触电会的主题活动和分享，也是非常好的展现机会。

传统企业的老板进来，最想知道微商到底是怎么玩的？微商的体制、微商的思维，到底是怎么回事，他们能不能从触电会内部去找一些资源？

当一个生态圈里面每一个人都有自己能够提供的，也有自己的需求，帮助多方资源去对接，就能形成一个非常良好的互动和正循环。这也就是轻链接平台最核心的价值之一。

满意度决定续费率

对于一个社群来说，续费率直接反映会员的满意度。

这个问题我们要从两方面来看，就是老会员和新会员。

一方面，有一种说法是一个老会员的价值相当于六个新会员，因为他会帮你形成口碑的传播。如果说一个老会员能够一直留存下来，说明他对你是很认可的，对你提供的价值以及你的理念是满意的，那么你们之间的信任感会非常强。这时候他对你来说不仅仅只是一个会员，而是你的营销的合作伙伴。

因此，我们会很看重分类的续费率这一个数据，它能够帮我们很真实地反映我们作为一个社群的平台，有没有解决到这一类会友的痛点。如果说有人对续会费有所犹豫，那么我们一定会去跟进，看一看在这一年当中，平台为他做了什么，他的哪一部分需求没有得到满足，他的疑虑在哪里？那么我们以后对这一个类型的客户理解会更加深刻。

同时，老会友的意见和建议会反馈到我们的服务和产品改进上不断地去迭代。那么社群的服务和质量以及口碑就会越来越好。

另一方面，我们也非常注意新会员。

加入的新会员来自哪里，他的基本情况是什么，诉求是什么，其实很重

▲ 触电会会内的内部干货资料

要。因为他会反映出市场外新的情况和信息。就像在2014年，触电会由电商社群转为微商社群，就是因为新会员的进入，基本上都从平台的电商转为了微商从业者。所谓一叶知秋，没有源头活水的进入，就不会带来新鲜的信息和新鲜的血液。

一定要有对时势和热点的敏感度，这也是我的自媒体注重影响力，重视UGC和互动的一个底层原因。

二次传播及势能

在触电会社群的内部，每天在线上大大小小可能会产生几千上万条信息。每一周、每一个月在线下的活动也会产生无数的信息。那么二次传播是非常重要的，也就是说，不管是线上还是线下，产生的有价值的信息也好，干货也好，要把它及时地进行收集，整理，归纳再分享出来，进行第二次的传播。

一个线下活动就几十人，线上的主题讨论可能参与的有上百人，第二次的传播覆盖面是第一次的100倍。

编辑把产生的信息通过图文视频等方式呈现出来后，思路和逻辑会更加清晰，加上现场的照片或者录像，会很有真实感和实时存在感。我们一定会第一时间将这些实时的，编辑好的信息通过朋友圈，以及通过我的新媒体矩阵去覆盖到更多的人。

这样大家就会知道触电会每天在做什么，大家产生了什么新鲜的碰撞。让触电会的会员了解到，让没有加入触电会的人也看到触电会的状态。对于一个没有加入触电会的外部的人来说，这是一个他对触电会的认知过程。

有时候你会突然从微信公众号上、微博或者现场的活动，朋友推荐收获了很多新的会员，可能这些人你从来都没有接触过，那为什么他愿意掏这两万元来加入呢？其实他已经观察你很久了，他会发现你就是在这个行业，你做这样的事情，而且在坚持不停地做。他往前翻，可以翻到五年前甚至十年前的记录，直到现在，每一天都还在产生新的内容，那他对你才会有一种信任感。

这种粉丝的养成，社群新粉丝的收获就需要用时间来做背书，这跟自媒体是同样的一个道理。如果你看一个公众号，他只写了三篇五篇的文章就间断了，你肯定是不敢掏两万元加入他的社群的。

所以，对每一天社群线上线下活动产生的新鲜的信息分类、归纳、整理，然后在新媒体上进行二次传播，是粉丝养成的很关键的一个动作。

3. 社群玩法精要

关于社群的运营和玩法涉及方方面面，市面上相关的书籍也有很多，各种说法纷繁复杂。其中有很多书的相关细节也写得非常好，比如说社群运营最初筹建的筹备，门槛设计，运营过程中具体工作里，怎么执行活动，线上分享应该怎么筹备，甚至到可以用到的系统、表格都一一罗列清楚了，这些是属于战术层面的。

我现在在这个章节里面讲的社群玩法的精要，是指大家对社群运营有一个基础的了解之后，或者说已经筹建了社群的人，分享给大家这里面的关键环节一些重要的部分，是我的思考和自己独特的观点。

你的社群是哪个调调

（1）社群的调性

每个社群都有自己的调性。就像每个人有自己的性格一样。有一句话说民营企业是这个企业的老板精神世界的外在具象。也就是说，老板是一个什么样的人，他是什么样的风格，他想做成什么事情，最后这个企业就变成了什么样子。

有时候甚至你自己都没有意识到的一些潜意识或者行为习惯里面的特质，它却真实地反映在了你的企业上面。这在古代中国叫上有所好，下必甚焉。

所以一个社群的调性是由这个社群的创始人决定的。物以类聚，人以群分。社群的创始人想打造什么样的一个小圈层，就会吸引来什么样的人。

所以每一个构建社群的人，都应该去思考你的社群是什么样的一个调性。虽然这个在你做垂直细分和定位自己精准人群的画像的时候，基本上已经初具雏形了，因为你是靠同样几个标签把这一群人吸引过来的，他们有着共同的特性和诉求。但是社群创始人本身的性格，却在更大程度上决定了这个社群呈现出来的氛围。

微商行业的社群有很多个，每个社群的调性都不一样。有的热热闹闹，有的冷冷清清。触电会的调性虽然是干货满满，但是群的活跃度很高，正能量也很足。这跟我本人的性格也相关。我希望触电会是成为一个平台，让大家自由地发挥和碰撞。所以触电会也可以算是一个去中心化的地方。

当你社群的调性基本上确定下来以后，就沿着这个方向走下去。不要三天两头的去更改。今天看到别人的社群，风格是这样子，你就学一学，明天是那样子，你又学一学。学来学去。就变成了四不像。自己原本是什么样子也忘记了。社群的调性和风格没有好坏。只要你的粉丝喜欢，满意度高，那就是好的社群。

关于社群的创始人，还要多说几句。

如果你能表现出足够的自信，就能体现出强大的存在感，也能感染他人，别人看你的姿态会慢慢变成仰视。如果你表现得很有主见，甚至武断，对于自己出口的任何话都不轻易后悔，别人就会看重你，而且认为你是正确的；相反，你总是小心谨慎，字斟句酌，你会被认为是懦弱、缺乏安全感，

从而得不到尊重。当你找到自己的风格，不管有多少人表示不屑甚至攻击你，你都不要改变自己的风格。

（2）务实也要务虚

成立一个好的社群，50%务实，50%务虚。过于务实的社群是成活不了，比如说让会员交2万元，承诺赚200万元，达不到预期大家就会失望。也不能够过于务虚，大家只是来聊聊天，没有实质的东西，也不会长久。

一个好的社群让进来的人要有骄傲感、自豪感，要对群友有帮助、有益处，或者说可以得到很多的背书。

比如我微博有400万粉丝，抖音30万粉丝，十几个微信号，中国排名第一的电商自媒体，微商教父之类的虚名，会员加入后我们举办很多的活动，我就在各种会员活动上为会员找清定位、取IP名字、跟会员合影、拍短视频来祝福和背书等等，想办法为会员带来更多的关注和流量，这些都可以在行业内转化为真实的商机。

产品体系

所谓的社群的产品体系，就是指社群有一些什么服务于社群成员的产品。既然是产品，那就一定是盈利性质的，你要靠这个赚钱的，也就是说社群的变现。

当产品出来以后，如何去转化和成交，这是销售的问题。那我们在这一个小节里面讲的是产品如何设计。

每一个社群性质不一样，因此产品的类型和具体的表现形式是肯定不一样的。但是删繁就简，抓住产品社群，产品设计的主要逻辑来说，它应该是一个漏斗形状的产品设计。

漏斗的第一层，也就是基数最大的那一层，是我们的引流型产品。也就是说拉新产品。它的主要目的是帮助我们吸引新的用户，把外面的用户导流到我们的社群中来。让更多人知道我们的社群，从而来抓取大量的潜在用户。

一般这样的产品设计价格会相对来说很低，人人消费起来都没有什么压力。因为它最主要的目的不是赚钱。你可以把它看成是宣传型的产品，就是你花的宣传费。目的就是为了告诉大家，我们这里有一个这样的社群，你来吧。

漏斗的第二层，我们的成交型产品。也就是说，它的定价会相对来说高一些，是真正赚钱的产品。用户进来了一段时间，也对你产生了基本的信任以后，中间的这一部分产品是应该成为你营收的最主要部分。因为它的价格和销售数量，相对来说都是可观的。

漏斗的第三层，是我们的高客单价的产品。相应的销售量最小。当用户对你已经相当认可和信任以后，他会成为你漏斗第三层的用户。

举个例子，如果你是做培训的社群。那么漏斗的第一层，应该是各种沙龙，免费的公开课，或者是线上的网课。它们要么免费要么定价极低，是一种用来获取潜在用户的方式。

你的漏斗第二层，就是你真正的培训体系。在通过网络课程或者线下的大型公开课以后，这些学员会对你有一个基础的了解，如果他认可你宣讲的内容。那么就会进一步购买你真正的培训服务。

漏斗的第三层，应该是进阶的教练服务、诊断服务或者是很深度的咨询服务。

这就是一个社群的产品设计框架和模型，相对来说，触电会的产品是比较单一的。能够把一个单一产品做得这么大的社群不多，因此对于更多社群来说，需要精耕细作地去设计属于自己的漏斗型产品模型，一层层漏下来。

核心用户

如果一个社群没有核心的用户，只是靠创始人和工作人员是撑不起来的。因为每个人的认知、时间、精力都是有限的，不可能无限的输出，所以社群其实是集体的力量。而在这个集体里面必须要找到自己的核心用户。

社群的核心用户。有以下几个特征：

①他能够给你的产品提供核心的竞争力，背书也是一种竞争力；

②他能够给你带来更多的用户；

③他能够为你创造内容；

④他非常认可你，消费额很高。

根据以上几个特征，将社群的核心用户筛选出来了以后，又可以根据核心用户的方向和合作方式，把他们划分成不同的类型。

第一类核心用户，是属于你的内容或者价值产生的合作者。

不管什么群，在线上经常要做一些分享。如果一个群里面永远只有创始人一个人说话和做分享，时间长了大家也会觉得单一和内容不够。因此，有一个类型的核心用户，他们在价值的提供上是可以给于很大的支撑的。

这个价值可以是内容的，也可以是背书的，不一而足。

他们本身就有很丰富的经验，乐于分享，能说也能写。那么这一部分人可以经常去跟他们沟通，邀请他们来分享和讲课。这也是典型的UGC模式。至于要不要跟这一群分享和讲课的用户产生分润或者更深度的合作，则要看你社群的需求度和他们的贡献度了。

第二类核心用户，能够给你带来更多的用户和产生更多的收入。他们对你很认可，自身的人脉和交际也很广，乐于将你介绍给自己周边的朋友。其实对于社群来说，他应该成为你社群的代理，让他们去帮助你的社群裂变。

第三类核心用户就是VIP，可能在其他方面贡献度一般，但是舍得在你的产品上花钱支持。钱就是表达爱的最好方式之一。

这几类核心用户都是社群的宝贵资源，因此对他们要投入更多的时间和精力来沟通。从另一个意义上来说，他们也是你的合作伙伴，而且比任何外面的合作伙伴都更加了解你的运作模式以及认可你的社群和产品。

社群运营团队

并不是拉一个微信群就叫作社群，社群运营是需要专门的人用方法论和工具去做的。社群运营看似很简单。线上聊聊天，线下搞搞活动，就可以维护下去。但其实社群运营是一个非常耗费心力的事情，需要团队全职的投入去做。因为社群主打是人和人之间的关系。

好的社群一开始一定是小而精的。对社群来说，成员的质量比数量更重要。触电会从发起到现在，经过了五年的时间，也仅仅是到达了1000人的规模。如果将群的名额开放，而且下一些功夫去刺激的话，我会收获更大的群。但是这五年我没有采取这种思路。群非常多，非常大，并不意味着这个社群就强。反而群运营的管理难度会呈几何性的增长。

很多社群看似风光热闹。一下拉了十几个，几十个甚至上百个群。但是如果没有足够的企业管理经验的人去做运营，往往处理不好运营团队之间的内部冲突，这么大的一个社群必然达不到质量很高的运营效果。

所以，一个好的社群，一定是在规模尚小的时候就已经做强了运营，他的管理团队、维护机制、工作流程分工都已经非常的成熟。其实这也有一点"精益创业"的思维在里面，就是一定要在小的时候打磨好，然后再逐步地有控制地扩大规模，在扩大规模时收到了意见和反馈，又回到自己的产品核心进行打磨，快速迭代，从而再进行下一轮的扩张。

社群运营的管理住大的方向：一个是中心化，一个是去中心化。

所谓中心化很好理解，就是不管线上或者线下，以及运营管理内容产出等等，都是由一个核心人物发出的。内容价值由他输出，运营管理也是由他发出指令团队的伙伴执行。这种模式一般是比较强势的群中心人物去驾驭和管理，对成员有很大的影响力，也意味着信息会非常的集中，沟通渠道扁平化，效率很高。缺点是，每一个人的时间精力是有限的，这种模式可以高质量地管理小规模的社群，但是社群规模一旦扩大是没有办法做到的。

还有一种模式叫作去中心化。意思就是，会产生很多新的次中心。整体社群是用次中心去带动全体成员共同参与，共同创造的结果。而且社群是一种中心化的模式。比如说，触电会在2019年会开启城市合伙人，那么每一个城市合伙人会对自己区域的活动组织负责。城市合伙人跟触电会总部保持密切的联系，但是触电会总部会部分参与，但并不会具体参与到城市合伙人每一次活动的策划和执行落地。而是通过我的思想、内容干货去影响整个社群的文化和价值观。

总的来说，触电会目前的策略还是做小做强，包括我们的运营团队也只有6个人。但是那些规模非常大，成员很多的社群，在管理和运营方面就需要下功夫了。包括整个运营团队，已经是公司化的管理和部门划分了。

通常来说，社群运营无论大小，会有这样几个核心的岗位和职责：

①新媒体运营。主要是围绕着新媒体矩阵，进行内容编辑、运营和管理，同时会有平面设计、采编、视频拍摄编辑等功能，以及新媒体流量的转化。

②线上运营。围绕着社群成员进行的线上运营管理。每一个群都会有一个管理员负责跟这个群成员的及时沟通，包括群里面各种消息的发布、收集、集中管理等等。

③策划中心。包括线上的分享，线下的聚会、游学，各种营销活动的主题、内容、嘉宾邀请、活动筹备的策划，以及执行跟进等等。

总之，社群的组织架构需要根据社群的发展来动态的调整和变化。从而找到最适合自己的组织架构。而触电会的总体方针就是做小做强，绝不轻易扩张和做大。

线下聚会和游学

想方设法让会员线上线下互动起来，相互认识。线上有专人维护、活跃和引导，每周在线下有固定聚会，每季度的大活动大论坛，每年一起旅游等等，线上线下互动起来，线上聊千遍不如线下见一面。很多人没有好好经营这一点，总觉得太烦，就拉一个群基本上没人说话，然后这个社群就沉寂下去了。

现在很多的社群走两个极端，要么就是传统的协会，这种协会可能全国加起来2000多个县，每个县都有一个传统协会，极少能够做得起来，就是因为他们不懂得用互联网微信群的方法，全是在线下开会。还有一种社群的，就是只做线上，比如一些互联网电商，微商的社群，没有自己的会所，也不定期搞线下聚会，聚会也聚不起来。因此线上跟线下必须要结合，虚拟的空间产生不了化学反应，只线下聚的话活跃度也有问题。

要快速地举办线下的聚会，先要确定聚会的主题，因为聚会不是简单的吃喝玩乐，要让会员们有所收获。所以线下的聚会主题越明确，聚会的质量就越高。因为报名的会友都是对这个主题感兴趣，并带着问题过来的，所以大家都会积极地参与，并且分享和讨论。

重量级的嘉宾，是可以作为种子用户去吸引其他小伙伴参与的。这样的嘉宾要提前私下预约。确定好了以后，可以邀请这些嘉宾准备一些高价值的分享，并把这些作为预告片发出去。这将会吸引更多的会员参加聚会。

如果线下的聚会已经做了很多，而且经常是主题干货的形式来做，时间长了难免大家会觉得有一点枯燥和疲惫，那么就可以做线下的游学。

中国人都不喜欢坐在会议室里面谈事情，中国人觉得事情应该是在饭桌上谈成的。那么，其实处在不同的环境，对人的精神影响和心理暗示，会造成很大的不同的结果。

如果是出去游玩或者是参访的过程中，通常大家都会比较放松，又可以很长时间，几天甚至一个礼拜聚在一起。这样就催生了很多平时根本不可能产生的场景，能够促使大家进行深度交流。所以对大家来说，最重要的不是说出去玩了，而是说去跟谁一起，以什么主题。

这里面也有刚才提到的嘉宾邀请的问题。我们一般的操作是提供二三十个免费的名额给触电会会友，通常是通过抽签的方式来决定的。而其他会友就享受优先的报名权。最后，我们会把少部分名额留给触电会外的粉丝报名，让他们能够有机会近距离地接触触电会，跟微商的大咖一起游学。

这对于吸引新触电会员是非常有效的手段，在我们过去的线下游学中，报了名的粉丝，基本上会100%转化为我们的触电会会员。

4. 转化成交

社群转化成交

除了非盈利目的的社群，我们组织策划社群是要考虑收益的，通常来说，社群的转化成交最需要注意的，是不要对你的社群过度透支。

请记住，每一次转化成交，都是你原来积累下来的信用和信任的变现。

很多社群在商业变现的方面一直在探索，一般说来，社群经济的变现模式一般可以归纳为以下八大方式：

①群会员费，社群本身就是一种商品，人脉圈子就是价值；

②社群电商，在社群里卖产品；

③广告变现，社群有流量，有流量就有广告价值；

④知识付费，利用社群属性可以解决专项知识学习，卖课程；

⑤专业咨询，在社群里提供专业服务来实现价值；

⑥投资众筹，通过社群间成员的信任实现产品和资本的投资众筹；

⑦活动游学，线下的大型活动、游学等；

⑧社群裂变，根据群主本身后端的产品及服务不同，成为群主代理。

（1）群会员费

触电会就是这个模式，现在基本上有价值输出的社群都已经开启了付费社群的模式，除了那些直接在群里面卖货，以卖货挣钱的电商社群。

随着收费入会模式社群的数量增加，很多社群的进入门槛也发生了变化，线上付费社群不再只是交钱就可以入会了，比中国企业家协会"绿盟"进群的要求不只是要交钱，还需要企业达到年收入一亿元以上。

付费社群需要提供价值，人脉链接或者持续输出优质的内容，以保持社群的活跃度。

（2）社群电商

社群电商也分成两种，第一种是这个社群本身是一个主题的社群。社群的主要标签和吸引力是干货，后期运营人员在群里面开始卖货，当然也是跟他的主题相关的。比如说宝妈群，后期可能开始卖一些辅食、婴儿用品，最大的例子就是年糕妈妈。

第二种社群电商则是简单粗暴的，以卖货为主的，在群里面大家可以享受到一些福利优惠折扣。比如说2018年的一个很大的风口，社区电商，就是属于社群电商的一种。小区的住户在群订购买东西，以生鲜为切入口，卖一些日常用品，高复购率的东西。

（3）广告变现

这种变现方式实际上就是把社群作为广告投放的集道，通过广告的散布来实现快速营收。这种方式存在着一定的风险，在用户基础还不是很稳定的时候投放广告，很容易就被用户当作垃圾社群而过滤掉。

只有社群在建立了良好的运营环境和高度的用户匹配上才会有效果，且这种变现方式的前期准备工作一般需要耗费比较长的时间，相应的所需要的时间成本就会比较大。社群都是经过较高精准化的成员筛选，人数一般难以形成非常大的规模，所以广告的覆盖率也不会太大，这也会在一定程度上制约社群的变现，因此，社群广告是较难成为一种持续的、大规模的变现方式。

但是通常来说，自媒体人的社群可以一试，因为在自己的新媒体矩阵发布广告即可，无须在社群里发。

（4）知识付费

每一个群是有主题的，比如说创业群，行业群，职位群，兴趣爱好群等等，那这些群其实都是可以通过知识付费来进行变现的。

也就是说群里面可以去卖一些，解决一些专项的知识、技能的课程。因为群天然有标签，同一个人群的需求也是近似的。

课程可以是线上的，把自己的课程放在一些网课平台，比如说小鹅通等等；也可以是线下的课程，就是线下的培训。现在一些优质的用户已经养成了为知识付费的习惯，所以这也是一个比较好的方向。

（5）专业咨询和服务

在社群里提供专业服务来实现价值。

专业的咨询跟我们上面提到的知识付费是不一样的，知识付费是标准化产品，我录一个课程，100个人听是这样，10000个人听也是这样。

而专业咨询服务更加深度、小众，通常来说是一对一。比如说，辅导创业者写BP，寻找融资，帮助企业进行贷款等，这些都是属于专业的服务。那么通常来说，专业服务属于我们上面章节提到的"漏斗形产品设计"的尖端，或者说靠后端的位置。需求量不会很大，但是单价高。

专业咨询服务必须跟群的主题高度相关，不然没有前面的铺垫和孵化，会显得突兀，客源没地方来。为了卖服务而卖服务是没有存在空间的。

（6）投资众筹

通过社群间成员的信任实现产品和资本的投资众筹。

首先，可以是产品的众筹，也就是说群的成员都非常有共同的痛点，非常看好某一个产品，那么大家可以一起众筹来生产这个产品，因为需求已经

摆在这里，如果产品生产出来一定是不愁销量的，所以这是一个非常好的倒推模式。有一些类似于京东众筹。

还有就是投资的众筹。"张桓的疯蜜"就是属于投资众筹。他社群的人群资产净值比较高，对投资理财是有刚性的需求的。那么在与群的成员深度的互动和建立了信任以后，他会寻找一些好的项目，让群友进行众筹的投资。

（7）活动游学

社群的线下大型活动，海外游学都是大部分会额外收费，那这个也可以成为一个社群变现的产品。

线下的大型活动是一个非常好的品牌展示机会，以及增强社群黏性氛围的出口。需要值得注意的是，也要特别重视活动的筹划执行，要把它做得尽量完善，让成员的满意度都很高，不然很容易导致大家的口碑不好。如果线下活动都做不好，对线上的影响是极其大的。

（8）社群裂变

有一些社群的群主，是专职运营这个社群。而有一些社群成立之初，就是为了服务它后端的产品和服务。

也就是说，这个社群的创始人，在创立社群之前就有自己的主营业务。那么还有一种比较高级的社群变现方式就是，通过社群运营建立了信任感之后，这些社群的成员应该是可以变成你产品和服务的代理，用微商的模式达到了社群裂变的效果。

把你的消费者用户群变成你的代理群。

大家可以关注我的公众号mrbrand888，
里面有能够联系到我本人的微信二维码，
可以领取一份价值8000元的微商创业实战
案例课程，是"触电会"会员内部创业的
实战精华。

第九章

极端务实高效的个体创业

1. 零成本从小到大的创业

以个体户方式零成本创业，想失败都很难。如果你创业的成本只是你一个人的工资成本，那么在家及咖啡厅创业（我就是在咖啡厅创业一年，家里创业两年的）。零成本创业，成本最低，收到的每分钱都是你的利润，创业如何能失败？

创业都是从小滚到大的，而不是规划大的。现在的北方创业者，一创业就融资，就找大牌的合伙人，就路演，想做大事，有大格局，而不是自己一个人在咖啡厅做个微博及公众号，将自己的想法试错后再扩大。这样的创业当然成功率低。

抱着从小滚到大的节奏创业，想失败都难。以个体户模式运作成功后，生意扩大成功率非常高，正如开餐馆的，生意是一张桌一张桌做大的，一个一个流水席逐步做大的，你做几个平方米的小餐馆成功赚钱后（亲自了解采购等所有细节），做几千平方米的餐馆创业很容易成功。很多创业者想一个创意，就投资几十万几百万规划着开一个大店，基本没有成功的可能性。

如果你创业第一个月就开始赚钱，以后就很难失败。很多人受阿里腾讯

京东创始人的影响，觉得先亏损几年再赢利，或者虚的互联网思维的影响、先圈用户再赚钱。创业第一个月就要赚钱，第一个月不赚钱就退出，不需要所谓坚持，这样你就创业不失败了。开实体店的经验也是这样，开实体店第一个月不赚钱，就永远不要想着赚钱了，因为一个实体店的开业第一个月都是用了最好的资源，最好的人员，第一个月不赚钱，以后永远都不会了。

　　记得之前有个朋友做了三年电商还亏损（客单价几万，毛利才几百），我给了他大胆建议：①关掉公司，辞退所有员工，一个人重新创业。②只做一个单品，附加各种价值毛利做到50%；③一个人只做微博、微信卖货，咖啡厅办公；④创业成本只是老板一个人，创业第一天就开始盈利。想失败都难。总结我的建议，就是重新开始零成本的从小到大的创业。

创业成本只是老板一个人，创业第一天就开始盈利。这样的务实想失败都难。记得有次去深圳布吉办事，顺便看了一眼我10年前创业起步的地方，这里以前是Illy咖啡厅，我在这个咖啡厅办公一年，并在这个咖啡厅聚会三年。所以起步创业最好的方式是先将成本降到最低是最靠谱的，不要追求面子，务实的态度反而容易得到别人的尊重。

所以我给创业者的经验是：①创业一定是从小滚到大，而不是一开始就规划很大（挖很多牛人，搭豪华团队）；②老板一定要亲自一个人开始做，如果创业前期公司成本只是老板一个人的人工成本，早期创业的成功率可达100%。靠谱的创业项目，是老板亲自做客服、前期拉了几百个用户，然后交给团队、口碑再扩大起来的；不靠谱的创业项目，就是老板做甩手掌柜、只做规划不下水，一开始有大团队、投资几千万几个亿砸下去靠广告拉第一批用户。

2. 创业要不求叫好，但求叫座

在我刚出道过往职业生涯中，碰到过"求叫好不求叫座"的经历，如当时公司投资两亿转型做互联网，我负责品牌规划，设计方面就花了近千万元（找全球第一品牌设计公司修改Logo，将原标志Chinamotion字体由粗黑变为幼圆，一个变动，就花了80万港元）；老板要求做事一定找全球第一公司及中国排名第一设计师，当然品牌方面打造得很好，业务发展却遇到不少挫折。

一个公司、一个人、一件事、一个产品，能做到叫好又叫座是最好的，但这种毕竟是理想中少有的；即使只是叫座而不被叫好其实也不错，毕竟获得了实惠，如当年大家一提到某公司，大家都骂是流氓，不叫好，但人家有五亿实实在在的用户，叫座就行；最郁闷的是"叫好不叫座"，即大家都说好，结果没有人买单，这种事情其实最多的。叫座才是衡量一个人、一个产品是否靠谱的标准，叫好不是。

叫座思维比什么互联网思维等都靠谱，拥有叫座思维的创业者一辈子都会成功。

商业的世界未必叫好就叫座，不叫好也会叫座。演员张庭才349万粉丝，她将几十万粉丝转化为她的微商代理，2018年她的微商净利润达几十亿。（但是微博上搜索会发现她还是有很多负面消息，不叫好但人家叫座）。中国比她名气大粉丝多的明星几乎都超过她，但没有一个明星比她赚的钱多，其他明星只是代言，她是下水做，即她的几乎每条微博都宣传她的微商，她的每个直播及短视频都宣传她的微商，她的微商每场发布会她都亲自参加并和粉丝合影，目前代言是没有用的，需要明星亲自用心参与才有用。

创业者最尴尬的情形是叫好不叫座，粉丝或者用户都说好，我喜欢你，但就是不付钱买单。创业者宁可做个"不叫好但叫座"的人（如微商人都被骂不被叫好，但中国平均每个大的微商代理头头都能赚千万，叫座），千万不要做"叫好不叫座"的人。

我参加过几十场微商发布会，亲眼见到一场发布会现场收3000万元，也见过一场发布会收几百元。在叫座层面为什么相差那么大？而且前者叫座一般是几个人的小纯微商公司，后者不叫座的一般是几十亿的大公司。懂了"叫座"这个词，你的一辈子就靠谱了。

我的经验是你要做一个卖座的人，首先，你要有大俗大雅的定位，高雅的人曲高和寡，注定不卖座。其次，另外一个经验是重度垂直目标定位，越精准越卖座。一些公知即使有1000万粉丝，但什么人都有，没用，他们推荐的东西没有一个人买。对公知的道德热情与高尚品质十分感动，但对他推销的东西毫不犹豫地拒绝。

最后，要卖座，还要解决一个痛点及利益点，网民是利益大于道德判断的标准。这个事情对网民粉丝有利，有实实在在的小利益，口里、微博、微信上明着骂，但暗里边骂边掏钱买单。

3. 独立自主，抛弃虚的融资以及资源

现在有一个现象，大家很多时候在评判一个公司是不是成功唯一的标准是它融了多少钱。比如你经常看到各种网络媒体上说这个公司今天融了一个多亿，明天融了一万美金等等，大家觉得这就是阶段性成功的标准。

但我认为这个世界上可能90%的生意是从第一天开始就有很好的现金流，它有自己的生意模式。所以，融资这件事情并不是说必须要去做的，大家在谈融资这件事情之前可以问一下你到底需不需要融资，问的时候就要考量一下这件事情的成本和你所获得的收益。

通常来讲，现在大家都陷入了一个误区，觉得一定要融钱才能证明我成功，但未必。通常做一个生意，小而美，有很好的现金流，你就不一定要引一个投资人来帮助你，或者你已经知道你要做什么了，这种情况下未必需要融资。

我不喜欢这种创业思维：整天想着如何拿到钱，如何融资等这样务虚的想法。我们"南蛮之地"比如广东、福建，创业思维务实得很。我有个创业想法，就先用微信几千个粉丝试验我的想法，最小规模试验觉得靠谱，找上

10个相信你的联合发起人，也是第一批种子用户兼代理，去解决创业资金。然后赚钱，实现创业想法。

融资不是评判公司成功的唯一标准。更极端的，对于小微创业者来说，姑且抱着永远不做"大"（光看流量的大），永远不融资，永远不上市的信念，反而更接地气，更容易成功。

任何一种生意，本质上都是销售。

所以资本，VC也好，PE也罢，都是生意而已。资本卖的是钱，它的账期很长。通常来讲，一个基金回报周期从头开始到结尾起码是五到十年的时间，所以说账期很长。第二个是风险很高，有一个非常知名的投资人说过，如果你是一个天使投资人，你没有承担75%的失败率，说明你不算承担风险。

资本追逐速度和利益，讲究商业规则，也冷酷无情。创始人拿了资本的钱，签了合同、对赌协议，最后丧失公司控制权，被扫地出门，甚至被逼轻生失去生命的案例比比皆是。中国永乐与摩根士丹利、鼎晖投资对赌，永乐最终输掉控制权，被国美收购；三只松鼠IPO被终止后，对赌协议即将生效，创始人失去控制权，幸亏后续IPO得以继续；龙薇传媒收购万家文化失败，导致万家文化对万家电竞的融资迟迟不到账，最终迫使创始人CEO走上绝境……

资本生意的本质，虽然风险很高，他也必须要投，因此，对项目一定是严苛的。所谓好的项目，从一个钱的回报上来讲，只有三种可能：一是高毛利的生意，二是并购，三是上市。只有后两种可能性，是有机会在五到十年中发生。前一种除非你做的是手游，可以迅速分钱，把投的钱收回来。这就是为什么投资机构更加青睐虽然看上去高风险，但是真的有机会成为一个大东西的项目。

因此，要仔细审视自己的项目，有没有必要一定要去融资，融资是一条不归路，那种被资本逼迫的巨大压力和绝望，被资本干扰企业发展方向的痛苦，我希望你们一辈子都不要尝到。

这也是为什么华为做到行业全球第一、中国民企第一，年营收比BAT

（B指百度，A指阿里巴巴，T指腾讯）加起来还多，这二十多年来，华为没有融过一分钱。传说华尔街的顶级投行的大Boss去深圳总部，苦等一天都没有见到任正非。而此时，任正非正在办公室骂客户经理：华为永不上市，不允许资本来打乱我们的规划和节奏，4G研发投入要三年五年，几十亿上百亿投进去不见一个水花，他们等得起吗？

现在大家讲移动互联网，就用什么大数据、云计算、O2O、AI+等一大堆词语来堆砌，为了给自己现在这个风口下一个定义，创造词汇。这些虚幻的东西，如果能用一句人话表述清楚的，就可以看一看；如果不是，就趁早撤退。大家不知道你要做什么，不会真正理解，所以这些词语堆砌之下并不能解决你实际的问题。

还有一个词语，估值。估值为了好卖钱，为了融下一轮。估值没有任何意义，如果说这个公司做大了这个估值有意义，但是没有走到最后一步，没有上市、并购或者最后做一个结算的话，它的估值永远是停留在纸面上的。你去关心估值这个东西只是为了自己的虚荣心，而虚荣心不值钱。

一切归根结底，最后还是在于你有没有核心价值，有没有用户为你买单，如果做到这件事情，这才是真正的王道。不需要融资，脚踏实地做一个跟我一样的个体户，安安心心每天赚钱即可。

中国的商业杂志，发现几乎100%长着一个面孔、一样的定位：都是写BAT为主高大上的故事及基于VC融资角度创业报道，这些不仅对几千万中小企业与店面及个人创业者毫无参考意义，而且基本是误导性质；市场呼唤以传统中小企业角度的商业杂志，哪怕只有一本这样的杂志也好，然而没有。如中国电商人与微商人加起来3000万人左右，而上市电商全中国不超过10家，所有成功融资的电商不超过1000家，但媒体的所有目光都集中在几十家身上，特别是基于融资角度的电商报道，中国99%以上的创业者永远不会去融资，关注与报道那些融资的创业项目毫无意义。

我创业近10年来，从不接受媒体采访，不见传统企业老板（除了触电会会员），不和任何公司、平台、机构及个人合作，不被绑架。专注内容及链接，才有现在的成功。

我的上一次创业，在5A写字楼一整层，公司200人，销售额上亿，但公司亏损（做淘宝哪有不亏损的），且公司股东结构复杂，有斗争，几百个员工管理累得要死，落得个表面风光、有面子，其实年底落到自己的口袋现金儿乎没有，给自己的假象是公司以后估值高、有融资，或会上市等虚假的幻想，其实你看到大多数创业公司都是这样的虚假表面公司。我吸取教训后，我现在第二次创业，公司几个员工，一年纯利可观，不累，100%我一个股东，拒绝投资与融资，生活不知道有多爽，创业的最好境界也不过如此了。

所以，我们不要羡慕那些融资了几千万美元的创业者，他个人一般比你还穷。我公司邻居的公司创始人，获得雷军几千万投资，他自己接受记者采访说，他妈妈生病，他没钱给妈妈看病，到处借钱，甚至准备众筹看病。所以我们个人创业，还是踏踏实实赚钱，不要整天想着融资。

在我的创业历程中，有不少几十亿身价的土豪联系我助理，说要投资几个亿做电商或者微商，约我见面吃饭聊天，我给助理说，你假装说让他付费加入触电会，会员有需求我随时见。然后就没有然后了。人生经验：①钱是拒绝商业交际的最好方法；②永远不要赚富豪的钱，他们都是一毛不拔的。也不要见富豪，我们这样的普通人除了被利用没什么价值。创业者在创业的过程中也是一样，不要对于虚的资源抱以期待，坚持独立自主反而避免更多大坑。

不要以为得到大佬青睐或投资就是什么好事情。几年前和我同时自媒体创业的一个朋友，他一开始创业自媒体就得到顶级大佬的私人投资，我当时羡慕得不行。现在他的新媒体很失败，我很成功，我很庆幸自己没有结识大佬拿到投资。作为创业者，要务实就要靠谱到骨子里，不要做那些虚头巴脑的事情，不要以为认识谁就是真的人脉。

创业就是要独立自主，不被任何平台、任何公司、任何客户、任何员工、任何人绑架的人生才是自由的，创业才爽，才淋漓尽致。

4. 创业不预备情绪、顺势而为不做长远规划

个体创业如何开始？个体创业不需要讲条件，也不要预备情绪，也不要做长远规划，也不要准备资金。想到，当天晚上就开始做去试错，才是一个靠谱的创业者。就如这句鸡汤所说的：栽一颗树最好的时间是十年前，另外一个最好的时间就是现在。

很多人做事都是预备情绪地做，这是非常错误的做事作风。例如已经都准备做微商了，然后给自己说：我要确定了产品才开始做，我还需要多了解参加培训，我要辞职后开始做，等等。其实创业一点都不要预备情绪，也不需要准备任何东西，想到立刻就要开始做。开始积累私人号粉丝，如果你能积累满10个微信号粉丝，无论你做任何产品都能成功。

移动互联网时代，预备情绪的人是没有前途的。有个美女咨询她的短视频直播效果不理想，我说你的每个视频都精心打造，专门的演播室，精心化妆服装，每句话都导演好，这样认真的做事不符合这个时代的要求。需要的网感是随意，会来事，拿起手机就直播，不要做一分钟的预备。做事认真纠结的处女座要被移动互联网时代淘汰了。

新的移动互联网时代做事的经验，千万不要追求完美，不要预备情绪，不要等一切结果确定了再宣布；正确的做法是：一件事要从一开始不完美、还未准备充分的情况下就要秀出来，一开始就要树立榜样，让人追随，用已经完成的一小步来吸引后来的一大步。

在移动互联网时代创业不要预备情绪，觉得我要怎么样条件才能做好什么事情，需要的风格就赶紧马上做，即使条件不具备。

新时代创业还有一个做事风格的改变是顺势而为的做事，不要坚持自我定位，传统定位理论已经失效。如我本人，我内心定位是电商自媒体，五年一直是。但2016年市场将我推向微商自媒体定位，我就是顺势而为，半推半就。商业上事情要顺势而为，不要清高，不要理想，不要坚持初心。

看看我以前的微博，腾讯在微信与电商结合方面的尝试：微生活、微团购和微购物等几十种尝试，目前来看结果，这些项目100%全部失败了，反而官方打压并限制的草根朋友圈电商——微商却成功了。微商做到了一年几千亿电商规模。很多项目不能靠规划，要看市场自然的选择然后顺势而为。

创业者做生意要有能力感知市场的变化，并顺势而为。我触电会社群第一年成立定位B2C电商社群（华南100名电商CEO都是我的会员）；但第二年淘宝电商人纷纷崛起参加我的社群，我就顺势将社群定位为淘宝电商社群；第三年的时候，淘宝电商人都交不起两万元给我，100名新会员有一半微商人交钱进来，我就顺势宣布我的社群转型为微商社群，主动抛弃B2C电商及淘宝电商人的定位，才有现在的巨大成功。估计微商还可以火3~5年，当他们交不起钱了我能感受到，如果两年后大量区块链或下个风口的人付费给我，我马上宣布再转型。这就是顺势而为，做事要顺势而为确实是创业的法宝。

创业者一定要忘掉你的初心，顺势而为才能成功。触电会内有个会员有次来拜访我，说他创业做视频工具服务（加水印、打码等）。原以为服务秒拍、快手和美拍的用户，产品推出后，结果服务了90%的微商人（目前中国移动互联网上只有微商人这个群体赚到钱了，其他互联网用户都是付不起钱的普通人）。然后他就忘掉初心，只为微商人视频编辑服务，198元一年会员，收了几十万会员，收入了上亿元。作为创业者都要向我这位会员学习，顺势而为，不做大的规划，挣到市场的大钱。

回忆我的第一届触电会聚会，在2012年，我借儿子百日宴机会，举办了华南电商CEO聚会，请来了100名电商大咖，此后坚持搞聚会，已经举办了105届，并在此基础上成立了触电会社群（目前中国微商行业最大的高端社群之一）。给大家的启示是：机会都是从小做起，不要做大的规划，有价值的事情，简单重复做，终有所成。

独立自主是我的创业原则，永不在股权等核心公司问题上和人战略合作；永不和任何人及公司进行个人信用捆绑；粉丝等核心资产控制在自己手上，不被挟制。坚持这个原则，才能够在创业的道路上走得更远。

5. 创业态度极端保守，重视现金流

　　创业是几个人开始做慢慢滚大好，还是一开始几十人开始体系化、团队比较完整、用户体验比较完善的创业好？各有利弊，前者做个体户创业太保守会错失很多机会，后者运营成本高，一个月要几十万极容易死掉。而我是选择了第一种情况，用最保守的态度、最低的成本来创业：规定自己账上赚了几百万才增加一个员工，在创业过程中很难失败。

　　我的创业原则是：一个项目可赚100万元但要做完才收到钱，一个项目只能赚10万元但要先收钱再服务，我只做赚10万元的项目、绝不做赚100万元的项目。

　　先100%收钱，再服务，坏账为零。现金流极好，现金流比产品差价盈利赚钱重要，任何一个公司，只要不赚钱，没有正向现金流，干再多也都是无用功。一个生意人每天都有现金流，有现金进账是最务实最踏实的，其他理财股票等都是虚的，你要保证你自己每天都有几万元纯利到你的私人银行账号。你自己的公司赚到钱都没有用，私人银行卡赚到钱才是真实的。

　　这里分享一个我打车遇到一个师傅的故事，有次叫一个易到用车师傅，

是个深圳工厂老板，开奥迪A6周末接单，也是湖北人。他说他开了十多年工厂，这十多年他们这行99%工厂都倒闭了，只有他一家工厂及另外两家活下来，唯一诀窍就是坚持现金流保守的常识原则。他坚持现金流先收50%订金月结原则，其他工厂为了接华为中兴等大企业的大单，三压一结，不收订金先垫钱，都被现金流压死了。可见，在创业过程中现金流的重要性。

在创业的现金流管理这块，也给到大家几个接地气的建议：

①宁可做亏钱但能先收到现钱的生意，也不做盈利但回款难的生意；

②尽量让现金快速周转起来，100万现金周转3次，你就有300万创业现金；

③让现金永远跟在人的屁股后面走（钱不能走在人前面，让团队永远缺钱）；

④现金流的精髓就是收和付的时间差，尽量早收别人钱，尽量给别人钱迟缓一点；

⑤如果一个项目能先收到钱但亏损；一个项目盈利很高，但项目做完一年后再结款甚至有未必收得回款的风险，为了现金流宁愿选择前者项目。

6. 创业者的股权合伙问题

最近，身边有不少因为股权问题导致创业者被踢出局，很多互联网界的顶尖高手，和有钱的传统企业老板合伙，任操盘手工资只拿几千的生活费，个人投入几十万占小股，项目还有近千万美元融资，但最后的结局全部是被清除出局一无所获。所以建议创业者要么打工，要么控股小规模创业。身边做小股东创业从未见过有好下场的。

在股权这方面很多创业者一点经验都没有。人的一生一般最多1~2次创业经验，所以股权股份的经验很难积累。而书本与文章从来不讲现实企业运营过程中的复杂负面经验，股权股份实战经验显得很珍贵。

首先，开公司一定要了解的股权基本常识：①占股份67%以上老板对企业有完全控制权；②51%老板有相对控制权；③34%股东有一票否决权；④20%股东要界定同业竞争权利，不能做同类项目；⑤占股份10%的股东可以申请解散公司，不过我个人的观点是要有一个自己100%占股的公司，宁可公司做得小一点，也要100%占股，任何事情自己说了算。

如果创业过程中你是小股东，作为大股东至少有8种合法但不义的手段

153

让你净身出户：

①年底增资扩股，小股东拿不出那么多钱再投入，被逼放弃股份出局；

②大股东说不干了，让小股东接手，小股东资金实力不够放弃一切出局；

③大股东将小股东从公司管理位置上赶下来不准进公司，灰溜溜走人；

④重新注册公司，将原公司清算倒闭；

⑤大股东掌管财务，小股东做总经理，大股东从财务上控制一切，甚至不给总经理发工资，逼退小股东；

⑥从财务上将公司亏损做得很大，小股东要承担亏损承担，承担不起，放弃公司股份；

⑦大股东给小股东制定根本就完不成的业绩，逼走小股东；

⑧让小股东从原来总经理位置降为做业务员，逼走。

所以创业者永远不要做小股东，特别是没有投钱被送股份的小股东：不仅没有资格要求高收入（因为你是股东），也永远不可能有大回报，没有出钱也就没有任何话语权。只是一个虚的自己骗自己的小股东创业者，真的不如打工。

具体做事的创业者一定要控股公司，股权比例分配不要平均，这是股权安排的基本规则与经验。另外，千万不要学马云、任正非等股权非常少而企业成功的鸡汤例子，那是特例，对创业者参考价值为零。我们普通创业者一定要在法律保障自己利益的前提下再拼命干活。

如果创业者从激励员工的角度，发钱或许是最好的管理方式，不需要条文繁缛的股权架构设置，激励绩效考核、人性化管理、公司文化，没用。就发钱，直接、简单、粗暴，效果特好。将你现在公司的基层小干部队伍，人员减一半，工资加两倍，犯事就辞退。这也是借鉴创业牛人史玉柱的做法，对于创业者有很好的参考价值。

大家可以关注我的公众号mrbrand888，里面有能够联系到我本人的微信二维码，可以领取一份价值8000元的微商创业实战案例课程，是"触电会"会员内部创业的实战精华。

第十章

新创业就是要打破传统认知

1. 不关注短板，将长板发挥至极致

在新创业领域，我提出新木桶理论：木桶能盛多少水，不在于短板多短，而在于长板多长！发挥你的优势，不补上你的短处，照样可以成功。做事只发挥自己的优势到极致就可以成功，有缺点不要改，不会影响你成功。

我的一个经验是专注最核心的三点，做到极致，不要完美，不要细节，不要面面俱到。如我的3000人微商论坛就专注"干货红包互动"三点，其他全忽略不计，做事聚焦于三点最核心的东西，死磕三点，不关注短板，不注意细节，牢牢把握住一件事的三点。木桶理论在移动互联网时代不正确了，有短板照样成功。

再比如说，今年我发力短视频领域的自媒体，一年仅仅通过短视频就要发出去36万元，每天发1000元。为何用这个策略？因为作为自媒体人做网红，要最大程度上去发挥自己的长处，规避自己的短板。

每个人都有自己的短板与弱项，对于电商相关的电商、微商、微博和微信等我都兴趣盎然且精通。但就是对于一个必须关注、我知道很重要的领域：如智能穿戴设备、工业4.0、机器人和泛智能设备等相关领域，我是没

有感觉的（或许是文科生的缘故）。但人到一定程度，只做自己擅长的，不擅长的就不管了。

对于创业者而言，在创业过程中不必面面俱到，死抠自己的短板细节，只需要抓住自己最擅长的那个长板，死磕进去，更能收获大成功。

2. 越有争议，可能越有机会

对于创业者来说，如何对待商业上有争议的生意？不要过多道德判断，有争议反而意味着机会。有争议的生意一般都很赚钱，如微商目前是电商中最赚钱的生意，很多人做高大上没有任何争议的生意（如内容电商等），没有争议的一般都赚不到钱；有争议的生意一般都意味着未来，没有争议的生意一般都意味着过去。我记得十年前刚开始做电商的时候，以前电商论坛最热门的争议话题是：传统企业要不要做淘宝，要不要做电商？现在看起来很可笑。

大佬们都专门做有争议的生意，如马化腾做游戏，丁磊（网易首席执行官）做一元购等，什么赚钱就做什么，只要不违法；做有争议的事情可以，但不要做政府已经定性是违法的事情。

创业去做有争议的事情会有机会，不要做大家都认同的事情。有争议的事情大都是有价值的，也是有赚钱机会的。大家都一致叫好的成熟事情一般是没有价值的，也是没有赚钱机会的。但是，一旦法律明文禁止的事情就不要碰，这是底线。

心态决定财富。面对有争议的商业模式，做键盘侠一味抨击别人的人，都是发不了财的人。相反，凡是心态开阔，凡是涉及有争议的商业模式的人，都是有机会发财的人。人类接受新事物，基本都是先从排斥开始的，勇于一开始就接受有争议的新事物的人，如微商，都发展得比别人好。

如果你用传统零售及电商老观念看新兴的微商行业，什么都是Low的：囤货、短期行为、夸张刷屏等，但你只要以发展的眼光不抱偏见地看这个争议行业，背后都有道理。移动互联网时代，中庸与四平八稳的做事风格不合适了，做事一定要偏激才有效果，一定要做到极致，错了也没关系，被人争议也没有关系。古老的中庸智慧绝对不适合我们创业者。

面对争议，实际上是面对风险的态度，移动互联网时代，正确的人生哲学叫"风险优于安全"。做有风险的事情比做安全的事情收益更大。比如我每次打的士，都问的士师傅来深圳多少年，他们一般都来十几年，凡是冒风险十多年前在深圳买了房的人都赚了1000万元。凡是不愿冒风险去老家建房子的人都一分钱没有赚到。目前，凡是做没有争议的淘宝电商的人基本都赚不到钱，凡是做有风险的被别人骂得狗血淋头的微商反而都能赚钱。永远记住，一个事情有风险，就是有价值的；一个事情绝对安全、没有争议，就是没有价值的；风险优于安全，风险优于安全，风险优于安全，重要的事情说三遍。

3. 谦虚使人落后，骄傲使人成功

新的移动互联网时代，信奉的是，谦虚使人落后，骄傲才使人进步。要将自己的优势发挥到极致，你的朋友圈只展示自己的优点，对自己的缺点要只字不提。千万不要为了坦率，袒露自己的缺点。就像HR行业有个潜规则，人事部面试的时候问你，有什么缺点？凡是你真的说出自己缺点的，几乎所有公司毫不犹豫地不录用你。公司花钱雇佣你，是雇佣你的优点价值。公开坦诚自己缺陷的人，情商低，绝不录用。

因此，我建议微商人一定要高调，千万不要低调，做人可能是谦虚使人进步骄傲使人落后，但做微商恰恰相反，你的低调则会影响你的成败，做微商高调使人进步，低调则使人落后。中国人最相信的东西就是自己亲眼所见的东西，你不把它做到台面上，你说的再好谁会信你，所以，做微商的前提是放下虚伪的面子，因为这个世界你不与众不同没有人会给你面子。对于新创业中以个人IP路径走出来的创业者，更是需要高调。创业思路要像微商一样高调，要晒，要让别人看到你赚钱，这样他人才会跟着你干。当然，前提是晒出来的东西需要真实，而不是靠虚假来骗取信任。

在大企业工作的人，你的做人风格是：隐忍克制、虚伪、从不明白说一句话（永远让别人猜他的意图）、压抑个性、八面玲珑且圆滑，这样的职业人都是被公司重用、提拔的；自己独立创业的人，你的做人风格需要高调的个性、想说什么就说什么、率真、坦率、真诚，反而是好的。

传统时代是线下的时代，人与人深交，谦虚是美德。互联网时代是陌生人交往的时代，不骄傲无人了解。移动互联网时代，闷声发大财的方式不行了，需要高调发财。移动互联网企业家已经找不出一个从不发声，低调内敛务实风格的人。

移动互联网时代的创业都应该舍弃闷声发大财的思维，应高调、自信、骄傲起来，你觉得你厉害别人才会觉得你厉害，他们自然而然就会追随你，把自己卖出去才是重中之重。

以我个人为例，我创业以后还有一个个性上的改变是个性变得张扬，外向；我的性格本来是内向的（和女孩说话会脸红，大庭广众讲话会结巴的那种人）、不喜欢抛头露面的，但做了个人自媒体后，人到中年，性格全变了：变得张扬、高调，喜欢在大庭广众表演了，知道我的人越来越多，我的事业也越来越成功。

大家可以关注我的公众号mrbrand888，里面有能够联系到我本人的微信二维码，可以领取一份价值8000元的微商创业实战案例课程，是"触电会"会员内部创业的实战精华。

第十一章

这是一个最好的时代

1. 感谢互联网时代，让我们多活了几辈子

在我国古代，不仅车马慢，通讯也极为不发达。因此，一个人的一生，接触的信息量极其有限。加上整体生产力低下，生产力决定生产关系。一个人的一生从生下来几乎就能看到头。

别说一个普通老百姓，连统治者都不可能很清楚地了解到国家的各处信息。一个人很难知道更大的世界，除了知道自己的一亩三分地还有什么别的活法根本一无所知，与人沟通交流的方式也极其有限。

而人与人之间最大的差别在于认知。对世界的认知、对行业的认知、对方法的认知。不知道=没有可能实现。

历经农业社会、工业社会，在千年后进入信息化社会的今天，借助互联网，我们可以在下一秒知道南美洲发生了什么大事，我们能够看到西北边陲的人是怎么生活的，我们做着自己的工作还能详细地了解到各行各业的经济数据、发展趋势，当我们决定做一件事的时候，可以去搜索和寻找大量的背景信息、商业咨询甚至代运营。

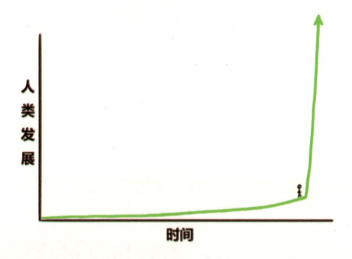

信息的丰富和可获得，将世界扁平化，降低了无数沟通成本，也消除了认知的鸿沟。人们可以有很多种选择，也可以去体验闻所未闻的事物，经历想都不敢想的人生。

如果说古人的生活可能性是10，我们就是100，等于多活了几辈子。

2. 要有付费思维，免费才是最贵

什么叫作付费思维？就是花钱，学会为价值舍得花钱。

为什么要花钱啊，有免费的多好啊。免费的信息、免费的体验、免费的课程、免费的服务。现在商家经常免费送，我从来都不要。人家定800元，我要付1000元。还教育大家学习我，不许还价。

这里面其实还是有学问的。当时免费，但是之后你会为这个免费买单，有时这个代价是高昂的。

得来太易不珍惜

从自己的心态来说，免费的东西往往得不到重视，不被珍惜，即使是货真价实的好东西。这是人性决定的。比如网上的各种信息、网课、资料，下载了一大堆，几乎很难看完。连书也有"书非借不能读"的说法。

华为大学的高管培训班，员工去上课不但收取昂贵的学费，在上课期间请假，还要扣工资，甚至从国外工作地往返国内的机票酒店费用全部自理。

但是，如果没有去华为大学上过高管培训班的员工，就会缺失一块学分记录，以后都无法晋升。这一下十几万元没了，肉疼吧，所以每分钟才会认真听课，全身心参与讨论。每天的学费几万块，任正非真是一个深谙人性的企业家。

花了钱的东西，你首先会从心理上重视它。

付费去买时间和圈子

之所以说免费的东西最昂贵，还有一个原因是钱看似免费，会让你花时间或者做一些别的任务来获取。一是浪费时间，时间精力才是最宝贵的东西，二是可能会牺牲和透支别的东西，这些加起来它们比免费午餐要贵。

付费加入的社群、商学院等，可以获得人脉链接，这个非常重要。小圈子里聚集的是非常精准的人群，里面或者是你的客户，或者是你的贵人，或者是将来的合作伙伴。比如在触电会，付两万元费用加入进来，开始还一头雾水的会员，短短一两年时间仅仅在触电会内部成交了上千万的就100个。还有的会员就是吃饭的时候坐隔壁，我介绍认识了一下，第二天就拍板合伙成立了一家公司。就是因为圈子精准，同频率很高。

一些信息只会在特定的圈子里流转，因此加入后哪怕是一条信息产生了价值，都远远值回票价。对你的方向、决策有时候是重大的影响。

因此，要付费去买时间和圈子，提升做生意的效率。省去了自己筛选和过滤的时间，就能够快速掌握。往往自己折腾过程中会偏离主线，会走错路。

花钱看别人的表演

2018年，我做"811中国微商3000人论坛"的时候，提前发了一条微博进行推广，这条微博阅读量50万，长文章阅读量20万。尽管微博没有一个付钱的（没有付钱的入口），但让几百万人知道有这个论坛。微博宣传，微信号成交，是新媒体的铁律。

就是你花钱买的东西，是别人花时间和精力打磨出来的，必然会是一套整体呈现。从定位到概念、从文案到设计、从引流到成交、从咨询到售后，人家都是怎么做的，尤其是做成功的，不失为一场绝佳的现场教案，还有比这个更生动的培训课程吗？

你平时是操盘者，现在成为消费者，看到的体验的都是别人作为你原来的角色打磨出来的成品。整个过程你带着双重视角，即是消费者，又是操盘者，去仔细揣摩这个产品的每一个细节：宣传、销售、交付、服务，收获太大了。

学会远离一切免费的东西。

微商人就是付费意识很好的一个群体。非常舍得为机会买单。

3. 中国已经迎来最复杂的市场需求和巨大的新创业机会

市场需求的碎片化与圈层化

有人说消费在升级，有人说消费在降级。

没有调查就没有发言权，中国消费者已经彻底改变了，因为消费分级才是未来五年最大的趋势：中国已经迎来了最复杂的市场需求。

中国目前的消费层级分化对于新创业者来说是个巨大的红利，因为各维度市场需要不同的营销、产品和价格策略。也就意味着由割裂而新生出很多细分的蓝海市场。

以前的需求和消费逻辑，由于一个个小圈层的新生，被颠覆和缩减。就像泡沫一样，分而化之，变成一堆大大小小的泡沫聚在一堆堆的领域里，但是每个泡沫却都是独特而独立的。

每一个小泡沫都有自己特殊的诉求，渴望被个性化地满足。可惜市场上的产品和服务还是以前的，没有精准的针对性的。怎么办，只能凑合着用。但是，一旦出现针对他们的新品，能迎合和满足小泡沫痛点的，他们一定是死忠粉。

看到新的市场了吗？举个例子。

从2018年起，女性社群热闹异常，接连不断的社群诸如Ladyboss、行动派、少女天团，加上之前的疯蜜、呼啸成长、趁早、知蜜、幸知、彬彬有礼、Girlup、香蜜会和花镇等等，让人眼花缭乱。

说明什么，又一批细分需求出现了：以前的"女企业家协会"都是传统企业女性掌门人的阵地，相对年纪较大，事业也稳定和成功了。但是现在涌现出这么多年轻的新的创业女性，80后、90后，她们年轻有活力，又是互联网时代生长起来的，很多分布在新型的服务业、美业、传媒营销和健康业等等，她们对于创业有着自己新的想法，也有这个时代下的迷茫和诉求。

女性企业家协会适合她们吗？明显不对路。

这个时候，谁能抓住这一批人的诉求，他就抓住了一个新的细分蓝海。于是Girlup、Ladyboss应运而生。

而疯蜜社群则定位到美少妇为其产品的目标人群，认为美少妇在家庭生活中需要倾诉和找回自我，她们为了保持美丽更需要消费，并且可以影响甚至决定家庭消费。将自己的社群定义为平台和连接器，教育美少妇和闺蜜们理财投资，现在也对接了股权众筹、海外消费返利和时尚聚会等方式来变现社群的商业价值。

而香蜜会、彬彬有礼则把目光聚集在了新中产阶级女性身上，把这么多女性聚拢在一起，目的就是为了探讨女性在职业、婚姻爱情、友情亲情和自我发展等领域的一些成长需求。同时传递着非常清晰的价值观，比如香蜜会由《灵魂有香气的女子》作者创办，全媒体矩阵和社群覆盖了500万中产阶级女性，她们倡导的是：成长比成功更重要。

4. 螺旋式上升，创造属于自己的机会

人的认知是螺旋式上升的。

我们说读书要"先把书读厚"，"再把书读薄"。意思是第一次读的时候，发现很多东西不明白，于是查资料、记笔记、写心得，写了很多东西，于是把书"读厚"了；等消化了，沉淀了，对书上的知识了然于心的时候，就可以删繁就简，择其要点，不需要洋洋洒洒厚厚一本，可能只提炼出来几句话就够了，这是"读薄"。

学习和实践也是这样的过程。

先学习理论和方法论。这件事务是如何定义的，能解决什么问题，达成的途径方式是什么等等，脑袋里面有一个大概的理论框架。再到现实生活中动手去做、去实践，在落地的过程中一定会产生很多困惑、不解与新的认知和感悟；这个时候再回到方法论中去，审视、检验、融合和创新，更新成自己独有的新的方法，再去实践中总结。

不断地从理论和实践中循环，螺旋式地提升自己。没有一蹴而就的爆发式增长，这个过程可能还有停滞、有倒退，但是总的趋势是向前发展的，所

以要坚持。

这就像爬楼梯一样，随着一级一级台阶的登高，会看到不同的风景。新的信息和机会就会涌入你的世界，而随着认知力的提升，原来同样的事物在你眼里也会变得不同，认知的提升让视角变得更加真实和全面。

一个人的一生，通常都会遇到几次大的机遇，比如过去的20年里：

1999年，被社会认为是"不务正业"的股民，实现了财富自由；

2000年的时候，抄底互联网的人暴富了；

2002年，买房的人成为富翁；

2005年，做电商的人，抓住了一个超级风口；

2008年，4万亿投资计划，使一部分人改变了生活；

2013年，微信公众号又放出了一波红利，很多人实现了百万富翁的梦想；

还有2014年的微商，2016年的比特币，以及2018年的抖音。

而在个体的生活里，大约每7~10年就会有一个阶段的人生变化：

0~18岁在原生家庭成长和在学校读书，还无法感知外面世界的风起云涌；

18~28岁，初入社会，在积累最开始的工作经验、社会价值观，这个阶段当机会来临时常常还太年轻，不容易抓住。但是这个年龄阶段的人有着对世界异常执着的渴望，也没有太多的经济压力和家庭负担，投身创业后如果能不断试错，累积经验，也有相当的成功率；

28~39岁，正值人生最旺盛的年纪，很多人在自己耕耘的领域已经有了一定的积累，小有成就。有冲劲，对创造财富和未来的美好生活有着非常大的向往；

39~45岁，从政的、从商的、治学的都取得了不错的成绩，这时候人至中年，也是社会的中流砥柱。社会经验丰富，人脉积累深厚，行业经营多年，身体精力尚可，是创业的第二个黄金时期；

45~60岁，在这个年龄段对更多人来说，比较难去抓住一个崭新的机遇，机遇带来的反转性和突破性减弱了，在原有事业的基础上带来一些锦上添花的增长还是可期的；

60岁后，守业或者退休。

因此，综合社会变化产生的新机会，和人们不断成长的阶段，人在一生中能够好好甄别和抓住、改变人生命运的，可能就是两三次重大的机会。

那么2019年的机会在哪里？

中国市场需求割裂、碎片化和空前分化，催生了无数片细小的蓝海空间。它们是为"新创业"者们量身定制的，没有人比专注、执着、精耕细作的个体新创业者们更适应这个崭新的历史机遇。

用螺旋式上升的认知力，不断地审视每一个看似传统的市场和需求，你会发现隐藏的新的诉求。找到它，满足它，用移动互联网时代下的新创业逻辑去实现它。

传统的三百六十行，已经分化为三万六千行，每一个细分领域，都值得用"新创业"的方式做一遍！

这是一个最好的时代，盛世出英雄。

大家可以关注我的公众号mrbrand888，里面有能够联系到我本人的微信二维码，可以领取一份价值8000元的微商创业实战案例课程，是"触电会"会员内部创业的实战精华。

第十二章

新创业者的创业实践案例

1. 如何让你微商业绩实现 1000% 增长倍率

分享者：毛见闻

优士圈CEO，微商操盘手开创人，《下笔收钱》创始人，三年时间，曾在幕后推动三个千万利润及微电商品牌，辅导上百个从0~1的微商起盘案例，至今已服务3500+操盘手。

有了流量怎么变现？

流量（粉丝）X 转化率 =销量

其实，我们都知道一个法则，叫流量×转化率就等于我们的销量。接下来我会给大家重点分享如何去提高我们的转化率？快速地把我们的业绩提升五到十倍的一些方法和策略。

转化率制高点

打造微电商体系**收钱**工具
抢占转化率制高点

2018年的下半年开始，我们就要开始去抢占我们转化率的制高点。我们需要第一时间抢占制高点，那么2018年第一个是流量的制高点，第二个是转化率的制高点，这两个制高点我们都需要去抢占。那如何去抢占呢？我们就需要去打造微电商生态体系的收钱工具。

其实，作为老板和操盘手只需要做两件事情，就是我们的成交和文案。因为这两件事情离我们企业的钱卖钱是最近的。只有我们做好了这两件事情，我们的企业才会有一个指数级的增长。

对于团队来说，我们需要抓什么话术能够离钱最近；对于我们的朋友圈来说，我们需要抓什么文字什么图片离钱最近；对于我们招代理来说，我们上什么招商课，讲什么话，做什么动作离钱最近。这些才是我们老板应该抓的最关键的环节和细节，精细化运营就是在于亲自去抓、去盯，只要我们去盯了我们的转化率才会有指数级的一个提升。

接下来，我会围绕五个维度来帮助大家做一个梳理，增长我们企业的业绩。

1
收钱长文案
也叫成交落地页，投放/引流/收钱第一环
长文案是"24小时赚钱机器"！！

我们的长文案体系，也叫"成交落地页"。也就是意味着我们去投放引流收钱的客户认知我们的第一个环节，我把它比作二十四小时的赚钱机器。我们每天投入的广告宣传，带来的效果是怎么样的，我们有没有去监督？

假设你投了一万元的广告费，你赚了两万元，那么你的广告是成功的，因为你得到了一倍的利润。如果还是同样的文案，进一步优化之后你能赚十万元呢？我们的文案进行了优化之后打造的更有吸引力，不管是在媒体上投还是在哪个地方投，我们都能获得大量的订单，而且我们没有花一分钱，所以第一环的客户要更加重视，因为他在帮我们花钱也在帮我们挣钱。

很多传统企业也在做转型，我想问大家就是启动微店上生意到底是简单还是复杂。见闻认为是简单的。当我们准备好一篇杀手级的文案，配一个推广，再配三个成交手，就可以从零去启动微电商生意。所以我们学了很多的互联网思维，但是我们依然没有启动，是因为我们没有去抓最重要的事情。

我们以史玉柱的成功为案例，他做对了两个关键，第一个就是他在不断地砸钱，因为他知道流量是一切生意的本质；第二个他亲自抓他的营销文案，然后不断地花钱不断地投，然后用投的钱又开始投，就这样一轮又一轮，一轮又一轮地让他还掉了债务，重新回到了他当时营销的一哥地位。

其实，我也写过三篇收钱文案，其中一篇就是微商操盘手。这篇文章其实也投放超过了千万级的广告费。而且总产出超过三千五百万的销售额。我也是在通过杀手级的文案，不断地去获取流量获取资源，然后再不断地去滚动起来。

案例2： 见闻写过3篇收钱文案，其中一篇是《微商操盘手》文案，投放1000万级广告费，产出3500万销售额。

毛见闻_3天2夜_5大微商导师教你玩赚微商。

毛见闻,针对微商团队头头,品牌创始人,工厂老大等高端人群.手把手复制经验,帮助100多家企业源源不断微商订单,销售品牌双提升,多家公司微商渠道月纯利润百万
aaaa.honghui02.net 2018-06 ▾ V1 - 评价 - 广告

微商大咖毛见闻_教塑造微商品牌_打造过亿流水

毛见闻,微商高端培训中心,只有从0-亿的微商大咖,才能教你怎么做过亿的流水,高端人脉圈子,学员带着问题来,带着千万级微商起盘..
微商操盘手密训　微商团队裂变　赠送1次复训　微商底层模式
www.wspx1.com 2018-06 ▾ V2 - 评价 - 广告

这里也要给大家分享一个失败的地方：

《微商操盘手》项目反省

风口来了要快，
能花钱挣钱的尽量不要免费
老板一定要懂文案策划
因为它离钱最近，
自己策划的，花钱也放心！

当时我们也遇到了一个风口，百度流量的一个风口。那么风口来的时候，我们一定要快。而且我们能花钱挣钱的时候，我们尽量不要去免费。还有就是老板一定要懂文案策划，因为这些文案策划他是离钱最近的，而且自己策划内容，自己花钱也是最放心的。

再讲一个案例：

案例3:见闻用成交文案推广餐饮店，用微电商模式经营，70%客户来自互联网！

最后，就是杀手级的文案最重要的就是打造我们的标题。可能一个好的标题和一个差的标题相差是五到十六倍的差距。

2
吸金短文
群发、邀约、刷圈、裂变、激活、转介绍...标配！

为什么要打造吸金短文？因为我们需要群发、需要邀约、需要刷圈、需要裂变、需要激活，我们手机的数据需要转介绍。像我们标配的一些短文，所以，这个总结出来叫"吸金短文"。

比如说我们做代理微商的，每到秋冬旺季的时候，我们需要带着团队去做活动，有可能我们需要去群发邀约一些客户，不管是听直播也好，其他什么方式也好，我们直营公司也会经常出活动冲业绩。有可能我们一条群发短信也许设置不当会导致大部分的用户拉黑或者损失掉大部分的用户；可如果这个吸金短文设计得很好，那有可能会帮我们一次活动就带来几十万的收益。这个也是免费的，而且能快速地去提升我们的业绩，所以我们需要重点地去打造。

激活粉丝模版：

最新研发日吸精准粉丝100人，成交35单的克隆系统！只开放3个名额！想要请留言！

以上这个模板可以作为群发也可以在朋友圈发。我们可以去吸引一些想要做微商的、想要把微商做好的用户。你可以进行邀约，可以进行激活粉丝。这个模板，大家可以拿去改，然后会有明显的效果。

"吸金短文"群发邀约优化案例

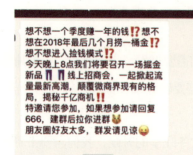
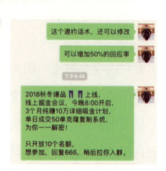

"吸金短文"群发邀约优化案例：

这个短文的目标就是邀约听直播讲课。那第一个短文，大家看了会不会觉得文字比较多？线上开会时我征求了大家的意见，并对短文稍做修改，变成了新的模板。如"'吸金短文'群发邀约优化案例"图右侧所示，当大家看到这个短文的时候一定能够激活一些想要挣钱的用户。

所以，我们群发短文期间最重要的就是回应力，我们邀约招商课也好，但最重要的还是回应力，其实这个短文背后是有一套公式的，大家掌握公司的时候就会觉得很简单。

接下来我就教大家如何通过故事型的短文来提高品牌的转化率。

①我是谁。（介绍自己）

②我遇到什么问题，造成了什么样的影响。（比如我在厂里上班三年了，每次过年总是入不敷出)

③我尝试了哪些产品或者方法，最终还是放弃了。（比如：我尝试了很多种方法额外赚钱……摆地摊、开店、代理产品……因为没有抓住时代趋势，因为干微商没有系统培训，因为产品不好……最终还是放弃了）

④我为什么选择代理XX项目作为解决方案。（因为，这家公司产品市场很大，产品卖点很强，公司扶持很给力，公司培训很给力……)

⑤我做微商第一个月得到什么样的结果。（我按照公司的方法，加了500个粉丝，出了50单，额外赚到了3000多元……）

我做微商第6个月得到什么样的结果。（按照公司的培训，我升级为团队老大，现在自己也带了300多人团队，现在收入基本都在六位数…）

⑥我最终得到什么样的结果，获得了哪些好处。（跟着XXX品牌，一年下来我有了自己的存款，还买了自己梦寐以求的白色本田车子——虽然不是名牌，但是是我一生想不到的……）

⑦我愿意推荐给别人，为什么？　(今天我之所以把自己的微商新路历程写出来，是因为微商是一个趋势，确实需要抓住，找到一个靠谱的品牌才是

关键……我为XX品牌代言，如果你也和我一样有赚钱的想法，不想XXXX
欢迎一起加入）

⑧最后：感谢XXX品牌，感谢我的老大一年多的帮助，有生之年，并
肩前行。

以上，是我拆解了流程以后，写的一个见证性的故事，大家按照这个来
写代理和品牌商的故事会变得很轻松。

3
无敌成交系统
复制粘贴就收钱的成交话术
转发就能成交的招商/卖货文案
照着改就能打款的吸金朋友圈

接下来我给大家分享的是第三个维度：我们需要打造无敌的成交系统，
这个是针对基于微电商体系的成交系统。

因为我们做微商，第一个要打造的就是我们的成交话术。这个成交话术
最好复制、粘贴就能收钱。因为所有的微商人只有懂成交才能懂赚钱。所以
无论我们招代理，还是直营卖货，我们都需要为团队针对性地去打造一套标
准的成交话术。这样我们整个团队的转化率水平才会有一个指数级的提升。
我们也会看到绝大多数上亿的品牌都会有标准话术和成交系统。而企业有了
标准版的话，新手上手的速度就会变得非常快，这样能够利用我们公司快速
地去扩大自己的团队，所以成交话术老板一定要亲手来抓。

第二个就是要打造我们的朋友圈。朋友圈相当于是我们的一个门面。但
我把它比作成一个手榴弹，对于微商来说，朋友圈的好坏决定了百分之五十
的转化率。哪怕你一个团队的小白或者公司的一个成交手什么都不懂，但是

你的朋友圈发好了，依然是能够提高转化率的。

所以，朋友圈的威力和手榴弹的效果是一样的，凡是做得好的品牌方，你会看到品牌方的创始人的朋友圈是精心细化打造出来的。所以，你看一个微商品牌做得好或者坏，你看他的朋友圈就知道。

4
策划绝学
懂策划，懂营销！

为什么要懂策划？因为我们需要去规划一场又一场的月回款、收钱的一些核心的关键点。这不仅是需要我们去策划的，也是老板需要亲手来抓的，因为我们大家都知道微商的节奏感其实是非常强的，所以，我们如果不能给到代理，代理就会闲着，闲着就会病着，最后就会阵亡。代理流失很快是因为品牌方没有把节奏感抓起来，抓起来以后代理挣到钱了，他自然离不开你。所以我们需要在每个月至少会有一个大动作能够让代理兴奋，带着他们去一起收钱。

特别是在新品起盘的时候尤为重要，就是我们要去规划十五天、三十天甚至七天每隔一个节点我们都需要去打造这样的一个节点，然后永不停歇的做活动，一浪又一浪的节点，一浪高过一浪。而且在打造这个节点的过程当中，我们要反复地把握好机会、时间。

15天、10天、7天
内招期
外招期
1元招代理
门槛减半
体验装
永不停息的政策活动
一浪又一浪的活动节点
机会、时间、稀缺
…

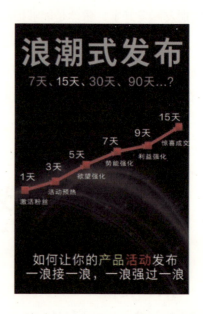

如大家看到的这张浪潮式节点发布图。第一步就需要去激活我们的粉丝，我们可以通过吸金短文快速地去激活；第二步需要通过持续不断的活动预热以及我们的利益强化，最终实现一个惊喜的成交。

5
无敌销讲稿

直播课、招商课、群公开课、线下会销
互联网时代批量转化标配稿！

最后一个板块就是我们的一个销讲直播。销讲直播现在是在互联网时代，无论是直播、线下会销还是公开课，其是我们每个创始人的标配甚至是一个团队老大的标配。比如说我们在招商的过程当中一定会有很多的意向而又犹豫不决的客户，我们可以设计好邀约话术，然后邀约底下粉丝来听现场的直播课，这样我们能够快速地实现批发式的销售。

接下来，再给她/他讲一个案例。我有一个好朋友就是通过一场9.9元的包邮活动，每次都能吸引上万人来体验产品。体验完之后就打开直播分享，其核心目标就是转化1280元的门槛代理。每场直播下来，其大概有10%的转化率，也就是10000个体验用户能够转化1000个代理，然后回款100万元。而这里面的一个最核心的一环就是直播销讲。

第一轮：邀约10000个9.9用户体验，销讲直播转化1280元代理，转化率10%，成交1000个代理，回款128万元。

第二轮：1000个代理升级9800元，销讲直播转化率10%，100个代理升级，回款98万元。

第三轮：100个9800再次打升级，一对一沟通，升级28万，转化率5%，回款140万。

以上三个步骤300多万，关键这个动作可以循环往复做。这个可不可以解决大家底层动销裂变的问题呢？

对于有基础的品牌方来说，我相信这个课程一定是能够帮助大家快速地去提升业绩的。所以，我们有基础的品牌商也可以按照这样的流程去操作一波。当然，如果你的产品体验感非常强，通过一周的节点就能引来上万人的体验。这一万个人其实就是我们产品的活广告，所以品牌方把这个引流的动作循环起来。那我们在底层就可以实现无限的裂变，所以，我们需要的就是打造我们的直播稿。

在开直播的时候，我们需要有直播，需要有招商课，需要有氛围需要持续不断的势能。我们需要的是品牌帮我们今晚回去之后就能够成交的直播销讲稿，能够去帮助我们的团队和代理实现批量次的成交。

大家如果能够狠狠地去执行，一定是能够帮助到你们企业的。

一个成功的微电商品牌，它必须具备的是软实力和攻击力。软实力是我们收钱的文案、收钱的吸金短文。攻击力是我们团队对外围攻市场的时候，

他的攻击力到底有多强。

打造品牌软实力：

① 手册+ PPT+宣传视频（招商/产品类型）；
② 一流攻心长文案（卖货投广告/招商起盘）；
③ **朋友圈**内容（前后30天，图片+文案）；
④ 无敌转化话术（成交手+团队）；
⑤ 招商直播课（文字版+标配！）；
⑥ 招商视频（主宣传+创始人+产品+会议+花絮…）；
⑦ 互联网内容沉淀（百度+朋友圈）。

……

激活团队攻击力：

① 流程化、系统化、傻瓜化（再造**成交铁军**）；
② 顶层策划部署（**浪潮式+节点**式营销）；
③ 微信成交体系搭建，文字版、**可复制**
（长文案+微信话术+销讲稿+文案班底+朋友圈）；
④ **起盘战役**规划（非常详细的执行细节）。

…… ……

其实，临近秋冬旺季，这些东西并不需要花费我们老板多少时间，哪怕我们去熬夜加班也能做出来。这是一劳永逸的，也是离钱最近的。希望通过我的分享，能够让我们每个品牌方和每个团队老大都能重视起来。

2. 如何在创业过程中大幅度提升转化率

分享者：关键明

互联网营销专家，15万册畅销书《爆款文案》作者，亚马逊中国总部分享嘉宾，大商之道创业平台联创，有大量传统工厂，实体店老板资源，专注研究传统企业转型微商社群。

今天我分享的主题是：投广告如何花1元，赚5元？

做微商的朋友前几年都是野蛮生长，现在开始做品牌了，同时也要投放广告。我们这儿广告分为两种，一种叫作效果广告，一种叫作品牌广告。

效果广告：投了直接能挣钱

品牌广告：不能

效果广告包括什么呢？淘宝广告、百度竞价、报纸广告卖保健品、公众号投放推文、朋友圈精准广告和今日头条信息流广告等都是能直接卖货挣钱的。品牌广告又包括什么呢？包括公交车身、公交站牌、户外大牌和杂志广告等，但其效果也不是那么直接的。

今天就谈谈效果广告如何挣钱？

效果广告挣钱三要素：产品、流量、转化率。首先，产品是一定能适用于大多数人，然后是刚需、使用频率很高，这种产品它才容易挣钱。产品这一块我觉得微商都做的很好。那么流量主要是考核精准度，比如你面对的群体是中年妇女，那么你要买的流量就得是中年妇女流量。如何去买这些流量呢？那这些专业人士就会通过后台去匹配，这个是由网络竞价或者是运营人员去负责这一块。

我们今天重点谈一谈转化率，听我这段分析能少亏100万。

大家想要投广告去扩张，如果没有找到非常专业的人，至少能把你亏掉五十万到一百万。给大家看两张图：

上图是我在深圳地铁拍到的两张图，这是一个卖自行车头盔的广告。如果是你，你看了这个广告，你有想要购买的欲望吗？

这个广告应该花了不少钱，投放的地方居然在地铁里，我估计应该是几十万的投放级别，但在我看来，完全就是浪费。因为这个广告的转化率太差。转化率是指100个顾客看到，几个人会掏钱去下单（或是咨询）。现在我就想请问各位，提高转化率最重要的3件事情是什么？如果你不能在3秒钟内回答出来，你投广告很可能就是亏钱的。

其实大多数老板都是不明白投广告的转化率的核心关键，所以很多广告曝光了，但很多人看了就是不买。再给大家看张图：

　　上图是一个鲜花的品牌，有很多创始人都有一个毛病，就是有自己很喜欢的风格就会让下属去做，比如鲜花品牌图片的老板应该是比较文艺的，但这种一看就是亏钱的广告。我给大家讲一个我自己的案例：

　　上图是一个种牙的项目。当时我们的竞争对手每投10万块，大概能够赚29万的营业额。上图的左边是他们的一个广告图，大家可以仔细看一下里面的文字，你们能够看懂那些专业的文字吗？其实顾客是完全看不懂这些话的，这种就是典型的根本不知道投广告的要素。右边是我们做的品牌的广告，我们投10万可以赚50万的营业额回来，我们每个月投的广告都是挣钱的，所以我们也会根据情况持续增加投放量，直到投放效率下降为止。

　　大家可以对比一下左右两边的广告，看看如果是你，你会咨询哪一家？显然我们的咨询量就会比他们的大。

　　以上讲的是服务的产品，那卖货的我们该怎么做呢？

　　以上面卖花图为例，他们找了我一个营销专家朋友做了改造。具体的改造效果如图所示。

　　经过改造之后，其效果马上就出来了，随即就开始挣钱了。大家要知道的是这个"花点时间"的品牌每个月投放的广告费用是在一千万以上。所以大家可以推算一下他可以挣多少回来，至少也要有两三千万，不然也不会投那么多广告。

　　所以，所有的广告都要回答顾客这三个问题：

任何人买任何东西的3个问题

①我为什么要买？现在中国是一个拥有极大过剩产品的国家，所以这个问题一定要考虑清楚，让大家知道为什么要选择你。

②真有这么好吗？大家可能会有一个感觉，就是很多广告说得特别好，感觉就像是吹牛。所以顾客对商家是非常警惕的，一定要顾客对你信服。

③买你划算吗？我们要了解中国的消费结构叫：倒图钉形。什么意思？富人非常少，中产阶级也不多，大量的人就是三、四、五线城市的穷人。所以你面临的顾客可能一个月是挣两千到四千元。所以，这部分人会对这一块考虑更多，他们会更加在意是否划算。所以，你一定要解决这个问题，除非你是专门卖富人的产品，比如说我们的龚老师卖的触电会社群，就是纯卖给富人的。但是，我们卖的产品往往是卖给大多数老百姓的，所以你一定要回答这个问题，买你的产品是不是划算？

那么，怎么解决这三个问题呢？

5个心理学研究成果

权威转嫁

文字试用　畅销

我为什么买？　真有这么好？

卖点

买你划算吗？

认知对比　价格锚点

针对上面的问题有以下几个解决方法，一是文字试用，也就是说你要形容顾客买到手的时候，他用起来是什么感觉。二是认知对比，我们各行各业都会存在竞争对手，那大家也不是只有你一个选择，所以说，你一定要去对比，就是你比对手好在哪里，这一步是要做的。那么，第三步就是要权威转嫁。成功的微商都会去找比如说运动员、奥运冠军、明星等代言，这个思路是对的，凡是品牌做大都必须找人来代言。代言就能迅速建立信任感。如果你没有能力请明星等代言，那你就要找一些权威机构的专业人士来帮你代言。

还有一点就是畅销，畅销这一点，微商做的也是比较多的。就是说我们卖断货了，我们一直在出货，这个思路是对的。那么畅销在打广告的时候，有一点要注意。你不能光讲自己什么疯抢疯卖，你要拿出数据来，比如说你的出货量在市场上能不能领先，比如说你一年大概能卖出多少批货，你要把那个阿拉伯数字写出来。比如说连续三年市场销量领先，累计卖出5360000、2765件等，类似于这样去讲。

最后一点是这个价格宝典，就是顾客喜欢你了，也想买你的，但是他觉得贵，会心疼。所以你要让他感觉到你的产品真的很便宜，花一点小钱就能够带来巨大的幸福感，这个钱花得很值，那么这个时候他才会下定决心买。

所以以上就是整个过程，你的广告必须要能够解释这三个问题，用这五个方法来解释。这样的话你的广告才可能有效果。

我们再来看一个平底锅的案例：

图上显示的是淘宝上一个平底锅的广告，这是一个典型的我讲我的，别人什么也听不懂的广告。这种广告注定也是亏钱的。很多商家卖平底锅没有明白一个问题，顾客买的根本就不是一个锅。顾客其实买的是锅做出来的东西。

给大家讲一个案例，5分钟卖出50.5万的平底锅，怎么做到的？这是我给"宝宝辅食微课堂"做顾问的案例。

整个售卖是在微信群里进行，事先朋友圈宣传，把宝妈引导进群，创始人"黄妈"主持，相当于微信群的会销。有一点非常重要，大家除了在朋友圈卖货以外，可以尝试把顾客导到微信群里面去发售产品。这个经过很多次验证，就是在微信群里卖货的销量是非常高的。

在微信群里面，你可以放图片视频，还有语音。这些东西的煽动力很强，而且大家一起抢的时候就是一起晒订单，会激发从众心理，看到别人都在抢我也要抢，所以顾客的这个氛围是很热烈的。

一开始的时候我们要回答一个问题：我为什么要买？因为锅这种东西，宝妈她其实已经有了。所以，我们必须要告诉她再买一个锅，她是能做辅食的。这一个完整的不粘锅，能够做肉松、鱼松等等调味的辅料，让宝宝吃得非常开心，这个是一开始就要强调的问题。

这里要准备一些文字试用，具体的文字如下所示，大家可做参考：

经常会有妈妈问我，家里的锅已经好几个了，有必要再入一个不粘锅吗？

我觉得没有不粘锅的厨房是不完整的，它能做的辅食是其他锅具做不到的。像做一些肉松、鱼松、香菇粉、猪肝粉、银鱼粉和番茄酱等辅食调味料，还有一些小饼、披萨、平底锅小蛋糕和去年朋友圈很流行的雪花酥，这些都要有不粘锅的帮忙，才能做的色香味俱全。

那么在群里我们该怎么做呢？

在群里面，我们说这个锅很好，首先要塑造他的价值感。所以说我们一开始的时候可以放出一个方法叫作畅销。就是我们已经卖出了将近三万件好评率百分之9.5的产品，说这个会让大家对这个产品的品质更有信心，这个就是上面提到过的畅销。

再来说说认知，给大家看一段话：

这平底不粘锅是《黄妈家厨房》的镇店之宝，已经团出了近3万件，好评率有99.5%。可那时为了做好平底不粘锅的选品，试用时间整整花了150天。

150天试用9口锅具，拒绝5个品牌。

从2016年9月到2017年的2月，期间，我试用了9口锅具，价格从100多到1000多都有试用过，但不管价格多贵，很多不粘锅都逃不过两三个月就粘锅的魔咒。

要么涂层不够厚，要么国内的不粘工艺太山寨，一共拒绝了5个锅具品牌的合作。

经过层层的试用和筛选，以及性价比的对比，最终才选定了大家看到的这款平底不粘锅。

上面这段话有讲到这几个月时间用了九口锅都拒掉了，就选了这款。这段话是在做什么？实际上就是在认知对比，就是说市面上的锅都不好，只有这个才够好。那么他作为博主的角度来写呢，就会显得这个锅是独一无二的。所以这个对未来的暗示非常的重要。

不管我们是在聊天当中还是发送在群里，都要反复去使用，顾客他不知道什么东西好，他知道所有人都在抢的东西那就是好的，顾客就这么简单。还有就是在群发售里面有一个是非常好用的，就是小视频，这种给顾客看了以后的冲击是非常大的。关于这点，比较重要的是大家要拍摄带有真人模特的视频。因为视频的时代已经全面来临了，我们必须拥抱视频。在视频里面你不要光拍产品，一定要有人。有快乐的消费者，大家可以看一下下面这个视频，在视频中黄妈把自己儿子拿出来做模特，这个小孩吃得满嘴流油，非

常开心，这种的视频是最能打动人的，是妈妈看完以后最心动的。

平底锅确实是一个红海市场，整个竞争太激烈，如果你在一个成熟的、竞争极为激烈的市场，你必须要多次的使用对比，让顾客确定你的产品真的领先于对方，买你的就对了，买别人是傻瓜。

最后一点就是我买你划算吗？

很多人对于这一步都是不做的，其实光讲产品讲了半天，但最后顾客心理还是没底的。所以你一定要给一个理由让她觉得买你很划算，她心里能安心能舒服，觉得自己买的是明智的，没有买错、没有被宰。这点非常的重要。

我们可以看看这个平底锅对于这一点他是怎么做的？其文案如下：

比旗舰店足足便宜100元

旗舰店的售价是299元，黄妈家的团购价只要199元，这和国内品牌的一些平底锅价格差不多，但我们可以用到纯进口的品质。

他这边拿出来原价就是天猫上面的官方售价，那这个是非常的有公信度的，因为你可以去查。他的产品在天猫旗舰店就是这个价格，那我团的时候，比他少一百元，这很显然就是有信服力的。

还有的产品可能它的价格是全国统一的，没办法去做这种对比，那么你就可以设定一个标准。我们举一个例子，罗永浩卖他家的空气净化器，他就做了一个对比，把他自己的空气净化器的效果和其他五六台机器作对比。他不是跟自己的旗舰店比，他是跟其他品牌比，比的是同样能够吸附雾霾的效果的产品，而其价格能少一两千。

所以，你一定要去找市场上跟你差不多水平的产品跟他（她）的产品比，然后告诉顾客：能够做到我这样品质的产品普遍都要更贵，而我的产品很便宜。其他产品普遍都要五百元，我只要三百元。这样顾客就明白他（她）买得很划算，这个时候只需要临门一脚，让他（她）下单。

有了这样一个完善的体系，这个锅它就能够在微信群里面一说要发售，很快就吸引非常多的宝妈迅速地去购买。

关于转化率，是一门很深的学问，今天只分享了一部分精华在这里，感兴趣的朋友可以私下聊。我目前已经不接项目了，专注做营销白领社群，有23万粉丝，教白领做文案和个人品牌，不过触电会的伙伴来交流，我非常欢迎，就是平时忙，回复会慢一点。

最后再次感谢龚文祥老师，我每周有空就要看龚老师的朋友圈，学习最新的网络趋势、大方向，跟着龚老师有肉吃。感谢大家！

3. 首次揭秘《微商头狼复制系统》

分享人：触电会会员曾钧，优士圈创始人，被誉为微商操盘手背后的操盘手。

大家好，非常开心有机会和大家交流微商的经验和心得。先做个自我介绍，我叫曾钧，我是触电会的002号会员，也是触电会的第一位男会员。这几年非常有幸的和十几个兄弟一起做了不同的微商品牌，我个人平时主要也是在幕后，不擅长做社交及分享。我大概用了一年的时间对我们微商品牌做了总结，并且有了新的思考，今天也是想借这个机会给大家汇报一下我的感想，希望对大家有所帮助。

我们会员群里主要包括两个部分的会友，一部分是还没有正式启动微商的，一部分是还在准备计划中的。我今天想给大家分享的是一个叫作投篮复制的系统，对于这个系统，不管你是还没有起盘做微商，还是已经在做微商的，都会有借鉴的价值。

这个系统是怎么产生的呢？我在去年的时候，一直在思考微商未来到底会发展成什么样？未来又会是有什么新走向？经过思考，我得出了四个预判：

第一个预判：

在微商头部的公司是有机会拿资本的钱融资上市或者卖给上市公司的，赚溢价、赚资本的钱，这是属于头部的微商企业。

第二个预判：

还有一些中上的品牌，如果说底子好或者是有长久发展的打算，是有机会并入直销企业或者拿直销牌照的。

第三个预判：

对于中等微商、中等的微商企业或者中等偏上楼层的企业，其会成为一个独立的部落。这个部落也会有自己独特的文化、属性。这里面的人也相对固化、有自己的情感、语言和生存法则，有一定的竞争力。

第四个预判：

我想今后会有大量的微商企业会转型平台社交电商，会基于系统的方式、会基于这些工具的方式来做垂直的会员制电商，或者是社交电商，或者是做一个垂直细分的网易严选。其实我们现在已经在做这方面的准备了，不需要做全渠道全品类的，只需要做某一个细分人群的垂直的严选。

以上这四种预判，对我们大部分的微商企业来讲比较现实的就是形成一个部落一样的企业，或者成为一家平台的社交电商会员电商企业。而如果要在这当中二选一，可能是成为一个部落的企业、成为一个有独特属性的、有文化的一个部落，这可能会更适合生存。

毕竟微商经过这四五年的发展，行业在进化。新品牌起盘是有挑战的，那些相对做了三五年的微商品牌等这些代理商也越来越固化，而这个微商品牌又如何能够建立持续的核心竞争力，立于不败之地？其实我发现，如果要成为一家部落式的微商企业，应该要对标一个行业，即对标直销。

为什么要对标直销呢？我发现在直销的这个行业，他们有很多的维度是特别值得我们学习的。通过直销和微商做对比，我发现微商太小儿科了，比如他们有宗教般的企业、有可复制的系统，还有传帮带的工具，而这些对于微商来讲都没有。而我又发现在微商这个行业，凡是做大的微商品牌，其实他都有直销的基因，或者直销的模式，或者直销的系统。我们需要学习直销好的一面。

直销在国内发展了大概几十年，去年的营业额大概是两千五百个亿；去年的微商的规模，大概是在五千个亿。可能微商通过短短的四五年的时间就能超过直销几十年的在国内的规模。那我想其中一个本质的原因是直销它的整个奖金的分配机制、晋升机制比较复杂，与微商有一些本质的逻辑的区别。我要讲的是，我们如何向直销学习，来建立一套属于微商的体系。

所以经过思考我们才发现，要成为部落式的企业，一定要学直销的这些文化的搭建，系统的、组织的搭建，以及去这些把传帮带的工具准备好给代理用。于是去年下半年到今年我们也是花了很多的时间去看了很多直销的书籍，受到很多启发。同时今年我们又非常有兴趣的特意去了南京的中脉深度学习，去了解直销的这些文化、逻辑等这些体系。最终在今年五月份左右，我梳理了一套复制系统，这个也是我今天想要分享给大家的内容。

在直销这个行业是特别讲究复制的，他们的系统培训是非常强的，那对于微商来讲，我们应该要学习、复制这种系统。如何去培养？那我把我们微商的这一套系统叫作头狼系统，应该是要去培养头狼、培养最强的人。

因此，为了能够便于我们微商企业的复制传播和讲解学习，我把这个头狼系统总结了八个步骤，这八个内容每一次在培训开会的重要时候，必须要拿出来讲的，这个内容正常情况下，我要给我的代理讲四个小时左右。今天就给大家简单地过一下。

头狼复制系统的这八个内容是必须要给你的每一个代理去讲的，不同级别的代理就需要学习不同的内容，需要有选择性地去对代理进行培训。这套系统要遵循的原则就是极简、简单、复制、建立一个闭环。最好的闭环是不同代理听完学完以后能够成为一个可以复制的一套闭环。这个销售系统是可以在任何时间和地点，给任何的团队进行开展的。

头狼复制系统的第一步：

这是最重要的一点，叫作统一文化。我发现在直销这个行业里面他们的企业文化是最无敌的。纵观整个微商行业，极少有微商品牌是重视企业文化的事，让这个企业具有灵魂的。大部分的微商企业擅长一些套路技巧等，鲜少跟代理之间产生极强的、共同的文化属性。文化是软实力，其应该是这个企业的底层架构。土壤文化应该成为一个微商品牌的土壤，只有好的文化，才能留住人才，留住代理。文化是核心竞争力。

大家听起来可能感觉很虚，其实我希望大家能理解一件事情就是：在今后微商品牌与品牌之间竞争时，假设你的产品和对方是一样的，赚钱分钱机制也是一样的，那有什么区别呢？我想品牌之间竞争除了产品的竞争、利润的竞争，还有一个维度就是文化的竞争。真正进入一个人的精神世界，让这个代理、让这个客户会为了这个企业、为了这个文化愿意去卖命。

大家应该能感受到在直销这个行业里面文化是根深蒂固的。有一句话是这样来形容直销行业的文化的：有很多有地位、有身份的人做直销不是为了产品而做，不是为了赚钱而做，而是因为快乐而做。这句话很经典，不知道大家是否认同。

去年我上了一个总裁班，当时给我的感觉就是和我看直销的东西是异曲同工的。我们应该沉下心来把这个企业的底层土壤建好，搭建好这些文化，他将会成为杀敌于无形的一种力量，当别人都在比产品比价格的时候，我们比的是企业文化。

这个企业文化怎么来梳理呢？我建议是去找专门的企业文化的教练带着这个公司，带着这个团队待上两天两夜，共同梳理一个组织的企业文化、愿景和价值观。千万不要是老板自己想出来的，老板自己写出来的口号挂在墙上，这不是企业文化。而是需要带着你的核心高层、核心大代理花两天两夜的时间一起来梳理企业文化。

今年年初，我非常幸运地请到了一位做企业文化的教练，花了几十万邀请他为我在北京的公司，为优势圈以及为劲家庄、三里人家等兄弟的这些品牌梳理企业文化。梳理出企业文化以后，这些参与的员工高层以及整个老板都是热血沸腾的。发现了一种精神的力量，有一种使命感，有种责任感。这种力量是没有办法用物质和金钱来形容的。

如下图所示：

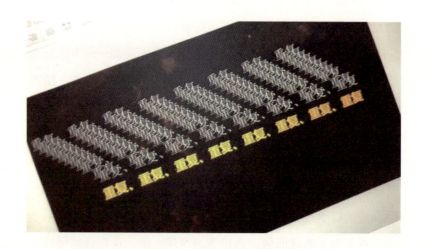

上图是三里人家梳理出来的企业文化。这个文化梳理出来以后就会成为每一次开课、每一次培训不管是线上还是线下活动都必须要讲的。当讲这些东西的时候，你的客户及你的代理，就会发现这个企业是有梦想的、有灵魂的。这个企业不仅是做微商、不仅只是赚钱。

当大家梳理出其文化的时候，请大家遵循一个原则，这个原则就是重复。高频重复在代理那里所听到的、看到的、见到的所有场景里面去重复这个企业文化。当这个企业文化在任何时间、地点，不断地被强化的时候，那代理就会被根深蒂固了，这时候他就发现跟你之间是因为这种文化梦想，有了共同的连接、彼此认同。

统一文化真的很重要，这个事情可能你觉得虚无缥缈，但是它是杀敌于无形的。

因此，你的代理进公司的第一天，一定要先让他的第一课是听企业文化，学企业文化。

头狼复制系统的第二步：

那第二课是学什么呢？即学两个法宝。就是你的新代理刚交了钱以后先让他学习企业文化，再让他学习两个法宝，这两个法宝跟产品都没有关系。这个法宝，第一个法宝就是让你的代理学会给予，学会赠送。

为什么要学会给予、学会赠送？因为你做一个代理，他刚拿的货，他要去跟她的朋友卖，这其实很难卖掉的，或者是有可能会被拒绝的。最简单的方式就是先送，在直销里面有一个理念叫作送比卖快一百倍，小舍小得，大舍大得。但是，送是有方法的，这个方法第一是让这个人愿意去送，除了公司给培训，还要让他自己看一些书来做自我改造。

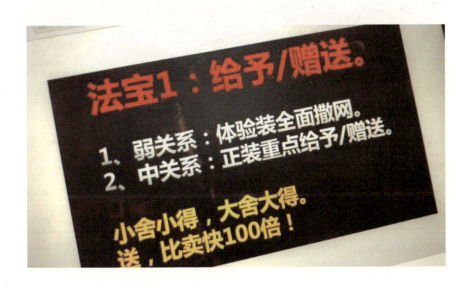

所以你要教会代理的第一个法宝，就是让他送产品。拿到产品先送给他身边那些最优质的朋友、最优质的客户。他只要敢送，只要愿意送，但是前提是你的产品要好，你对你的产品有信心，只要他送出去，他就一定会带来市场。他带来市场，那它就更有信心。

第二个法宝，是要让你的代理学会讲故事，你的代理进来，千万不要一开始就学会听产品知识，一定要让他听故事，让他学会讲故事。因为讲产品讲专业知识啊，这个别人可能很难去认同会反感。可是如果你很会讲故事，故事是威力无穷的。他只要能讲好几个故事，那他很容易把客户感动很容易秒杀客户。

讲什么故事呢，讲两个故事，一个故事是你的客户里面使用产品改善身体的真实故事，一个故事是经营事业赚钱成功的故事。就是谁谁谁做这个产品、做你的代理赚到钱的真实的故事，你的代理一旦学会了讲故事，那他可能就会具备一个很厉害的一个能力。当他讲故事讲得很好，讲到感动想让对方泪流满面的时候，你想想他能不会卖产品吗。

那这些故事是从哪里来的呢？这些故事是公司提前准备好的，公司有一系列的真实的故事，但是他必须要有个原则，就是一定先感动自己，再感动别人。就是这个故事是真实的，一定是真实的。

以上就是头狼复制系统的第一个：统一文化，第二个：两个法宝。

不难发现其实这个系统的内容和直销还是有很多相似之处，我是花了很多时间和很多的精力，把直销里面的那些内容提炼出来融合到微商里。

头狼复制系统的第三步：

头狼复制系统的第三步就是要学会熟练地开三个会议。开什么会呢？第一，开早会和晚会。你会发现在直销和保险里面每一天都是在开会。其实在微信群里你也可以给你的代理统一的准时开会，开会这个事情是有仪式感的，他是会形成一种惯性的，会让这个代理时间被深度的什么占据。

第二个会是领导人的培训会。领导人培训会是每一个高级别代理一定要对你的核心代理进行开，领导人培训会议通过微信群来开。第三个会议就是开线上和线下招商会议。要交会他们怎么开会，线上的流程怎么做，线下流程怎么做。第三个会的核心就是为了成交。这个头狼复制系统内容是很多很多的，我在此只是给大家先把重要的框架做一个梳理。

头狼复制系统的第四步：

头狼复制系统的第四步叫作四个必讲。即会讲公司、会讲产品、会讲机会、会讲铁律。在直销行业里面被训练出来的每一个直销员的动作、行为以及讲的东西都是一模一样的。因为只有是统一的，一样的才能被复制，而不是每一个代理他自己想讲什么就怎么讲。千篇一律的，这是没有办法复制的，所以当你去给客户讲东西的时候，公司也要提前体验出来形成标准叫作四个必讲。

在四个必讲里面也要遵循简单。比如讲公司、讲产品、讲机会，简单的几句话或者几个维度，千万不要太复杂了。比如讲机会呢，一定要先让你的代理跟你的客户讲企业文化，这是在任何场景和行为、和这个沟通中一定要首先讲的。然后再讲需求市场，再讲代理政策，让他们会算账。最核心的意思，就是要让他们会算账。

关于六大铁律：

每个品牌方一定要讲的叫作不许夸大产品违背广告法。这个事情大家心知肚明就好啦，但是从公司的角度来讲，绝对不允许大家夸大产品、违背广告法。那有人违背有人夸大那就是他们的个人行为，但是公司的维度是不允许的。对吧，这个其实对于公司来讲也是规避风险。

头狼复制系统的第五步：

头狼复制系统的第五项必备能力是一名代理进来以后必须要具备的五项能力。这五项能力一旦具备以后，他（她）的功力就会加强了。对他（她）可以有很多很多的这样的一些本领。

五项必备能力：

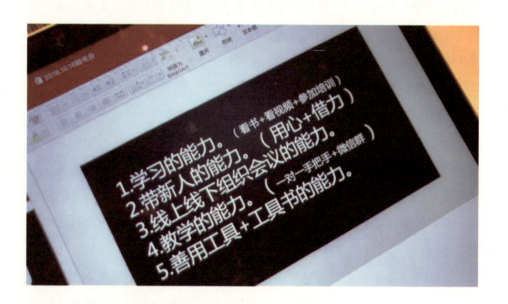

头狼复制系统的第六步：

关于头狼复制系统，我们有六本工具书，这六本工具书是我们认为微商的代理，他们出去作业的时候，比如他们在地铁、公交等都可以看一看。微商讲产品其实他需要工具书，公司需要去为他准备一些工具书。

我们一共准备了六本啊，但是还有很多呀，重要的是有六本。第一本的叫作《初心册》啊，这是我们给自己定了一个名字叫《初心册》。这本书就是讲企业文化、讲发展讲创始人、讲产品等等之类的。这本书就是一本标准的工具书，你所有代理讲都是统一的都是一样的。

那第二本书就是去整理一木你们代理和这个品牌的故事，让他们自己去写。写完以后，整理成一本书，然后让你的代理花钱去定这个工具书，这本工具书是有很长很长的转化能力的。它可以让你的意向客户和一些代理等，在看完书以后就会被感动、被融化、被自我成交。

头狼复制系统的第七步——每日七件事：

你的代理交了钱之后，你就监督他完成这每日的七件事情就够了。第一件事情是每天使用产品；第二件事情，每天必须要听课，听完课以后要跟你汇报学的内容；第三件事情，每天参加早晚会；第四件事情，联络一次上级帮助三位下级服务十个客户，服务的原则用1471法则。1471法则是直销里面的服务顾客的法则，这些法则你们可以去买直销的书来看看。

第五件事情是新增十个陌生好友，每天要新增十个陌生好友。第六件事情，成交新顾客，每天你能成交几个新顾客。成交以后要在群里表扬，早会晚会表扬。第七件事情，每天你必须要去成交新代理，大代理小代理都没有问题，成交了以后在群里表扬。

如果这每日七件事，你的代理都能够一对一的监督、按要求执行，那你的这个组织和系统就会很强大。为什么要他每天听你的课程？因为只有让他听课程，他才能够接受你的文化你的思想，课程是占据他的时间和占据他的心智的。

假设前面这一、二、三、四、五、六、七步你能做到一、二、三步，那就很厉害了。那如果你能做到一、二、三、四、五、六、七。那可能你这个组织那有可能就会很强大，可是这个过程不可能一下子就能建立的，是需要时间的。你可能需要花三个月或者半年时间去把这个模型给走通，把这个系统给落地。

头狼复制系统的第八步：

头狼复制系统的最后一步——第八步，是我直接借鉴的，借鉴的是直销里面的"成功八步"。

成功八步这个内容我就不跟大家做深度的分析了，大家可以去百度了解一下。但是，我把这套成功八步做了一个优化，这个优化了就是我把成功八步当中的第七步改为了复盘和总结。就是让你的代理去行动的时候、去成交顾客、成交代理的时候，一定要学会复盘总结。

把他去跟客户去聊的这个过程记录下来，然后做成一个文档。这个文档就可以成为后面那些小代理学习的一些素材和案例库。

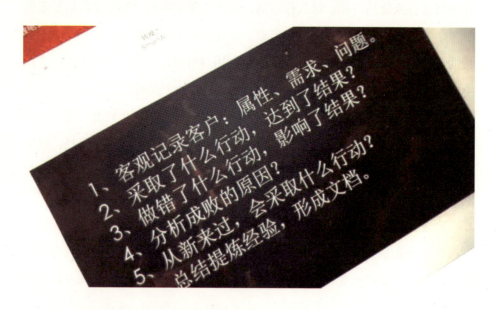

只有每一位代理不断地去做复盘总结的时候把这些内容记录下来，去思考、去反省，他（她）们才会进步。而这些形成文档的内容就可以成为每天早会和晚会开会的内容，所以你千万不要担心早会晚会开什么。所有的内容其实大部分都是通过代理来整理出来的。

成功八步呢，第八步，我把它定为复制，这个复制就是重复的循环，是讲五能和八步。不断地去检查、不断去跟进、不断地去讲五能，能够更好地去落地。

以上就是所有分享，希望对大家是有启发、有借鉴价值的。

大家可以关注我的公众号mrbrand888，里面有能够联系到我本人的微信二维码，可以领取一份价值8000元的微商创业实战案例课程，是"触电会"会员内部创业的实战精华。

第十三章

从我的创业说起

1.2010—2018 的创业八年

我的创业经历，可能很多读者从各个渠道都听说过一些，但不算特别完整。这次跟读者讲新创业，我想要从自己的创业经历说起，因为我个人就是靠这一套创业理论成功的。把我的创业经历、遇到的困难、解决的办法，都拿出来一一分享，应该能给读者一点启示。创业不是搞科学研究，一个纯理论家是行不通的，身先士卒，才是对读者最负责任的方式。

现在，一般谈到创业，主流观点都是：

创业是个成功率极低的事情，九死一生；100个创业者，99个失败，有一个能成功就不错了。

创业是坚难的事情，到处都充斥着成功创业者的坚难历史传记，如蔡文胜（二六五科技有限公司CEO，美图秀秀董事长）最新的演讲，创业者必须牺牲掉个人生活才有可能成功。

创业真的那么难、那么苦吗？

作为一个名利双收的成功创业者，在自媒体领域我已经成功创业8年，现在纯粹是以玩的状态在创业，创业没有吃过所谓的苦，也没有受过所谓

的大挫折，因为我有正确的方法来创业。

先说结果

直到今天，在介绍自己的时候我还是说我是一个自媒体人，但是我是自媒体人中的变现王。2009年我就开始写微博，2012年正式注册公司创业，到现在我的触电会社群已经满1000位会员。

创业这些年

我在武汉大学（简称"武大"）入校的第一年就开始创业，即做家教中间商，就是在中南商场门口摆地摊，将要请家教的家长与大学生进行连接。就这一招，我靠这个中间费赚的钱在大学期间养活了自己，不曾伸手问家里要生活费。

以至于当时大学毕业，我的毕业纪念册上留言几乎每个同学都称呼我为"龚首富、龚李嘉诚"，但我现在让大学同学们失望了，我成了一个极其成功的"个体户"，而不是大成功者。

武大毕业以后，我加入了一家4A的广告公司，在那里工作了两年，后来在保健品公司做了两年营销，担任深圳分公司的

总经理（保健品行业的营销是非常强的），之后就在走秀网，也是当时华南
最大的电子商务公司做营销副总裁。所以在创业之前，我的主线一直都是
营销。

2009年可以算是我这条创业之路的一个起点，我注册了微博。

当时实际上是在玩，没有什么具体的规划，也没有什么商业目的。一年后，在2010年，我开始了自己的第一次创业，跟人合伙做了一个电商项目叫作"30·50"，意思就是针对30岁到50岁年龄阶段的用户，商业模式则是电商代运营。

那时候电商逐步成为主流，马云（阿里巴巴集团董事局主席）在2003年创立的淘宝在这个阶段走上发展快车道。当时很多的传统企业要做电商，不懂怎么做，从何开始，而我原来是做过电子商务公司的，因此就以此为切入口，帮传统企业建立和运营电商渠道。

这个创业公司做了一年，销量额就达到了一个亿的规模，员工团队发展到一百多人，在蛇口（深圳地名）4A的写字楼租了一整层，客户发展很快，包括安踏、安莉芳、维多利亚的秘密当时都是我们的客户。但是对于我来说结果还是失败了，原因主要有两个。第一，品牌、货物、平台和粉丝等都不是自己的，代运营看似流水很大，实际收益并不可观。简单来说就是离钱比较远，不是直接简单地去收钱。第二就是股东间的纠纷，合伙这件事看似简单，实则无比复杂，人性永远是最不可控的因素。总之，我的第一次创业以失败告终。

2011年我又开始了第二次创业，这一次创业就在新浪微博的平台上，做自媒体。这次创业的起点是我孩子的百日宴。当时我的微博上才两三万粉丝，又没有资金，怎么办呢？恰好我家小孩刚刚出生，我就在微博上发出了一个邀请，请一百个人来参加我孩子的百日宴。因为之前工作的积累，人品也还不错，基本上把华南区域电子商务界很多的副总裁呀、电商总经理都请过来了，把孩子的百日宴办成了行业聚会。邀请过来的老总们都很大方，一人包一千元的红包，就变成了我第二次创业的10万元种子资金。

第一笔钱有了，还要继续筹措，怎么办呢，从自己的脑袋知识里想办法。我在创业之前也工作了六七年，因为一直都是做市场总监、营销副总裁这一条专业道路，所以曾经写过很多的营销方案、电商方案。于是我就把这些资料整理打包，500元一份在微博上去卖。陆续有几百粉丝买了我的资料方案，这块又筹措了10万元资金。

另外还有30万元，以前从未提过，这次在书里也爆料一下。主要是让大家明白，真正有人来支持你是多么重要。第二次创业的第一天我就在微博上宣布了，说我又要重新创业。有三位朋友几乎立刻都分别支持了我10万元启动资金，说看好我这个人创业。一个是深圳家具电商的老板，一个是一位女投资人，最后一个是暴风科技上市公司的主席。当然在获得他们支持后的数年里，我陆续通过为他们介绍很多电商行业内的优秀项目作为投资标的、猎头行业内副总裁总监级别的人才、以及前后主动转发过几十条微博等等各种方式来回馈。

到这里，我的项目还未启动，50万元的种子资金已经到位了。说白了，这是众筹思维的模式，其实微商也好，其他行业也好，关键是要获得他人的信任，自己能够创造和提供价值，就不用愁资金了。尤其是天使投资，如果是一门心思想去拿什么经纬、IDG的投资，其实是非常困难的。

但是，面向我们身边的人、我们的粉丝去筹措，只要你为人还不错，做人比较靠谱，还是有一些人会相信和支持我们的。我这第二次创业的起步也就是源自早期工作这几年的人脉关系，大家了解我的基础，看重我在电商圈的资源，才愿意支持我。

就这样，我开始了电商自媒体的创业之路。

2011年，我直接宣布自己为电商自媒体第一人。当时中国电商刚刚兴起，风头正劲，行业内风起云涌，形势变化很快。三天两头的动不动就爆出一条新闻，当当、苏宁易购、京东，这个与那个经常传闻收购、冲突、"打架"，这时我就预感到了，应该有一个专门专注于电商行业的自媒体出现。当然，那时候还没有"自媒体"这个说法。

在这种背景之下，我就将自己的创业定位为电商自媒体。当时也有很多人，包括我的朋友也在微博上分享信息，但是没有人第一个喊出来自己只专注于电商，没有人给自己贴标签。其实这也带来一个启示，刚开始创业的时候，即使还没有做到，也可以先喊出来有个定位，引起大家的关注，这就是我创业第一天做的事情。

我给自己的品牌个性定位是：温暖大哥，经验丰富而且见解到位。有一眼看到底的判断力，务实、精准、温情、草根接地气，事来则应，事去则静，钝感。

在我喊出"中国电商第一自媒体"（当时还没有颁布最新的广告法）的第二年，我的微博从粉丝影响力的角度就实现了这个目标。从心理学角度来说，这也是一个自我暗示的过程。

做自媒体一定要聚集粉丝，有了粉丝才有影响力。在中国电商领域写微博的也有几十万人，我从这么多人里面做到热度排名第一，这不是吹牛，克劳锐自媒体指

克劳锐自媒体价值排行

电商领域
TOP10
11月 / November

排名	自媒体	克劳锐指数	趋势
1	龚文祥	86.36	=
2	老谭电商	85.83	=
3	老高电商圈子	84.26	↑
4	杜子建	83.06	↓
5	跟蒋晖学电商	82.82	↑
6	黄刚	82.73	↓
7	骆驼万金刚	82.30	↓
8	丁辰灵	81.80	↓
9	新张利	81.54	↓
10	鲁振旺	81.41	↓

TOPKLOUT.COM
自媒体价值排行及版权经济服务 克劳说

数可以查证的（克劳锐成立于2014年，由新浪微博、360、UC以及IMS新媒体商业集团联合投资的全球首家自媒体价值排行及版权经济管理机构）。

我在微博上做电商自媒体创业时，采取的一个策略就是"揉碎"。以前我都是用长文章来阐述电子商务，微博出来以后，我把我所有的文章、PPT、方案都拆解揉碎，用100到140字依次递进地把我原来的干货分享出来。用大量原创的内容和案例，指导大家怎么样去做电商推广、怎么样去设计营销、怎么样策划活动等等。其本质就是，首先要提供价值，人家觉得看你的东西要学到东西。

第二个就是互动的策略，强调跟粉丝的互动性，包括互粉、转发、抽奖、红包等等。微博，这样一来既可以活跃用户、增加粉丝黏性，还有一个重要的作用就是导向UGC（user generated comtent，用户生产内容）模式。

每个人的信息来源是有限的，UGC模式就是依靠用户产生内容。比如鼓励大家爆料信息，就发一两百的红包。信息就持续地汇集到我这里，源源不断地汇集过来以后，我这里就成为行业内最大的信息中转站，而且很多是真实的八卦消息。考察求证以后，我就会在微博上经常性爆料，一波又一波吸引大家的眼球，粉丝数量也就越来越多。

我建议创业者在创业初期借鉴这个思路——风险优于安全，当成功以后反而要谨慎一些。当然，一切都必须遵守国家法律法规，被允许情况下是可以的。

第三点要讲的是专注、垂直、细分的优势。大家可以去翻翻我的微博，这么多年了坚持讲"干货"，只讲电商（后来转型到微商），比所有人都专注。我的微博里面除了跟粉丝互动，就只有跟电商有关的信息。

如果做自媒体，天天这里写一点，那里关注一下，时不时再蹭个娱乐新闻热度，可能前期起来快一点，但是粉丝质量是不精准的，后期就无法很好变现，这是一个双刃剑。

在讲干货的同时，要带有解决方案，告诉大家具体是怎么做的。我的价值观是：大家天天说马云怎么样，刘强东（京东董事局主席、首席执行官）怎么样，马化腾（腾讯首席执行官、董事局主席）怎么样，虽然这些大消息我也会转发一下，但是最核心的就说要给大家一个真正可以执行的可以落地的解决方案。中国电商行业有那么多人，也就出来了一个马云、一个刘强东，他们的成功很多时候对于我们普通人，没有借鉴意义。

所以，我就讲落地的电商如何做，比如一个很小的，直通车怎么开、如何设计才能很好地展示一个产品、如何加粉丝、如何写朋友圈，看起来很细，很琐碎的事情，但是看着就觉得真正有价值。粉丝认可你以后才愿意付费。

这就是我一直以来说的一个观点——人们愿意付费给一个解决方案，但是不愿意付费给一篇资讯文章。信息是一个综合体，打赏给文章的钱是很少的。

这是我第二次创业起步的几个核心点，坚持去做，一年就发展了几十万粉丝，然后在电商圈就出名了。当大家都关注我，自媒体的影响力也有了。从这时候开始，阿里巴巴（简称"阿里"）、京东、唯品会等等中国前十的电商和平台基本上都成为我的客户，通过广告、推送等各种方式合作，每个月付我几十万，作为电商自媒体，创业到这一步就算成功了。

在风起云涌，万般变幻的电商圈，变即永恒。

随着电商行业的不断发展，头部格局逐渐稳定下来。阿里占据中国电商的70%，京东唯品会20%，其他电商全部加起来几乎只有10%的空间。也就是说中国电商的头部被垄断的格局已经形成。随着格局的稳定，电商圈的新闻越来越少，我已经很早就意识到这个问题了。被头部垄断的情况下，市场就相对没有太多的机会，电商已经成为一个成熟的商业模式。所以留给电商自媒体的信息和机会也随之减少。

那个时候我做电商自媒体已经有不低的收入，因为几乎所有大的电商平台和企业都是我的客户。眼看着未来的机会越来越小，我觉得一个创业者要有勇气，要敢于舍得，抛弃过去，自我更新，自我革命。

穷则变，变则通。

2014年的时候，我注意到微商模式的兴起。那个时候应该有几百万上千万人在从事微商行业了，但是没有一个有影响力的人关注。我就在思考，如果我去关注的话，就干脆只做微商这一个标签。

与其在一个非常大的市场里挣扎，还不如争做小市场中的第一。

说干就干。

我记得就在我宣布将关注重点转为微商，做"微商自媒体第一人"的第二天，原来电商几个头部大客户就终止了跟我的合作。因为那个时候大家对如何定义微商还是有很大争议的，大家都不愿意碰，而我就有勇气，敢说我为微商代言，我来关注微商。

投入跟付出是成正比的，现在很多人羡慕我在微商江湖的地位，但是你没有看到我前五年的付出。其他人都不敢关注，不敢碰、怕引争议上身的领域，我来关注，我来为这个行业发声，为这个行业站台，为这个行业代言。

作为基于微博的自媒体平台，大部分收益来自媒体的价值，这也是当年大部分自媒体的最重要的变现方式。而我做得更好的地方是用自有粉丝池的理念，为后面新的商业模式打好了基础。

转型为微商自媒体前，我已经开始关注自有粉丝的概念。微信出来以后，我第一时间注册了一个微信号，将平台的粉丝陆续导到自己的私人微信号上面来。粉丝在自己的池塘里，才能够长久。当时我的私人微信号的定位，就是专门推荐人。

这也是我的一个创业的经验，要学会先帮人，利他才有收获。

我的微信号上每天推荐30个人，让粉丝把他的个人简介、二维码、个人照片发给我，我就在朋友圈推荐。每天都加几十个人，甚至上百个，一天推荐30人，一个月1000人，一年就12万元，我坚持了快两年，每一条都是我亲自操作的。

还有一个动作，2011年1月30日开始，一直到触电会正式成立之前，我坚持了三到四年：就是我自己出钱，每周请十个人的聚会，因为我觉得大家一起交流，有一个话题的讨论也是很有价值的。那时候没有会所，我记得就是在一个咖啡厅。所以就是给大家一个小启示，我现在已经做得成功的事业，其实最初的起点就是从咖啡店聚会开始的。

这就是利他精神，有时候不要那么功利，先帮人家，帮的人多了就自然会有收获的。

在成立触电会之前，我实实在在地帮了十几万人，这是触电会的基础。所以，当我发了一条微博，宣布成立触电会社群的时候，当天就有100人加入。当时支持我的会友们里面，有一些是辗转托了朋友交钱过来的，有一些人手机号码都留错了，人都联系不到，但是因为信任和支持，就有了触电会的雏形。

当时我还不知道社群这个生意具体要怎么运作，一切都是摸着石头过河。先把加入的会友拉了一个群，所有后面的社群运营都是我们一步步实践出来的。这五年来我们坚持做了每周二、周四的线上分享，每周四的线下聚会。

大家算一算，五年来，基本上除了春节、法定节日，我们一个月都会有4次线下分享，一年共45次，五年就是两百多次线下见面会，这些都是能够产生化学效应的活动。这五年是一个由量变到质变的过程，但刚开始确实要做到只问耕耘不问收获。

所谓有个规定动作，就是不停地重复和坚持。这就是罗振宇《罗辑思维》主讲人提出的"长期主义"。一旦确定这个方向是对的，这个事情是有价值的，你就要不断地重复不断地做，坚持下去。

2. 我的创业项目触电会

作为中国极具影响力的高端微商社群，行业内头部玩家基本都在触电会。这产生了一种效应，所有想要了解微商、做微商的人，都会付费加入触电会，只有这样才能近距离接触这帮在一线的实战玩家。

在对于社群的定位中，还有一个词叫"轻链接"，这也是触电会一直以来的核心理念。触电会社群最大的价值，就是帮助社群成员提供各种连接，连接人，连接资源，连接方法。但是每一种连接，都是不承诺结果的，触电会只是给大家造了一个连接的场而已。

触电会的核心产品是社群，主打轻链接，来触电会认识1000位大咖就是我们的卖点。就好比是一个相亲大会，你去参加相亲，能不能找到你的另一半，就看你自己的能力了。

对于会员来说，能够听到实操的干货，也是其中一个很大的需求。所以触电会是通过鼓励会员自己站出来分享，来解决这个问题。每周四晚上的线上的分享，如果每周保证一个人分享，一年才50个人，这个频率是很容易实现的。

▲ 触电会会友对我以及触电会的评价

　　从会员权益来说，每周能听到一位大咖的分享，每周有线下会员接待日，会员可以在我的新媒体矩阵包括朋友圈、微博等投放六次广告，给会友拍照录小视频背书，每个月做一次公司参访，每年一次海外游学等等，这些都是围绕着会员开展的运营工作。所以，打造一款清晰的社群产品，需要设定好清晰的运营动作的清单。

　　触电会有几个关键性的动作。

　　第一个是在固定的时间、固定的地点，做固定的事情。每天坚持在朋友圈推荐十个人，每周四的下午组织固定的线下聚会，每周二、周四晚上9：30~10：30线上主题讨论或分享。

▲ 触电会大咖都把内部培训拿出来分享

　　第二个就是线上线下相结合，线上是微信群，线下就是各种聚会、跨年演讲、三千人大会、资源对接会、专题分享会、主题沙龙、商务参访、海外游学。线上线下的结合，能让整个社群的势能更大，黏性更强。

　　这些行为基本上都不属于成交类，属于运营类的，所以都不能够直接产生收益。但是，这里面有一个原则，如果做的事情是有价值的，那就重复做下去。有价值的事情重复做，一定会在别的地方产生价格。

　　比如每次线下聚会的微信群里，我们都号召会员互相添加，互相推荐。

不同于很多社群，进群以后就提示你禁止互加，触电会社群做的是主打链接的，进来的会员第一需求就是认识人，对接资源。那我们就主动制造一个机会，让会友自然地发生关系，尤其是线下已经见面，互相添加微信产生连接以后，更有价值。

还有每周二我们线上的头脑风暴，由会员提出问题，其他会员给出解答。我们主动在做去中心化，让会友给会友解决问题。在回答的过程中，就会涌现出一些意见领袖。在群内塑造意见领袖，也是社群运营中的一个很重要的部分。社群内部，本身就是一个社会。发言多的，有道理的，能够启发帮助到别人的，自然就会成为意见领袖，触电会群内这样的意见领袖多起来以后，群自然就会活跃。

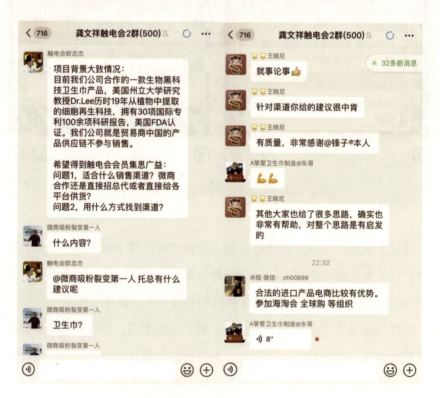

▲ 触电会内针对会友问题头脑风暴

　　可以说，80%的微信群都是死群。没有参与感，没有互动，没有链接，没有获得感，就一定做不好一个社群。

　　上面我们说了，社群的日常运营最担心的就是难以坚持。追根溯源，还有一个比较重要的动作，或者说内核，就是我对于自己IP势能的塑造。这跟社群运营一样，都需要保证每天持续不断的内容产出。

　　每天坚持亲自生产原创的内容和评论，原创的每一个字都带着我的观点、思考和敏锐性，很难被替代。它也是个人势能的最核心根源。然后对外宣传、造势、吸粉（增加粉丝数量），在微博、微信订阅号、抖音等平台上的运营，是为了把粉丝沉淀到个人微信号里做二次运营，接下来就是做好会员服务。

　　在做内容规划时，可以参考标的原型，比如报纸、杂志、专刊、电子刊物等。媒体需要有新闻、供求信息和广告等等，就在这个基础上来制作内容规划分类。

　　先说新闻，一个行业的意见领袖，首先要做的就是对于行业最新资讯的第一手掌握。如果是做电商的，那么电商的政策、数据、最新的玩法都属于这一个领域，不管是自己总结的还是转载过来的都没问题，只要是这个行业最新的信息资讯就可以。

　　供求信息，很多自媒体人的朋友圈是欠缺这块内容的，或者是说不够持久。之所以我是一个行业的意见领袖，我就是一个平台，一个信息中转站，很多的信息甚至是内部消息必须第一时间汇聚在我这里。

　　我们知道报纸的原型是分类信息，比如我是一家刚成立的公司，需要招聘，就在报纸上发布招聘信息，留下我的联系方式，诸如此类的。那么一个行业意见领袖，也需要这样做。找人，找钱，因为这些是大家最需要的。只是微商行业的现金流太好，大家不太需要贷款。

　　因此，我在刚起步的时候，就抓住这一个点，每天至少免费推荐十个人。每个人发来100字的简介、照片、二维码，我就把这个信息发布在我的

自媒体矩阵里面。一直到现在，这种形式还是在坚持，只是变成了对于会员的一项权益。

你想，如果你缴费成为会员，接着就有一大群人加你，一晚上几千人加，爆粉的感觉是很爽的，你一定会再一次推荐新的会员加入。所以在这点上，运营本身就是推广。

还有一块就是新闻类的，这个新闻类是一个相对行业性和圈子性的。微商行业内，或者触电会会员身上每天发生的大事，把这些大事截取下来，在触电报和我的十几个私人微信号，覆盖十几万精准粉丝的朋友圈里发布出来。

这是一块很重要的内容来源，当然也包括分享链接的工作。自媒体最重要的就是分享链接、互动。

最后一部分就是干货价值的输出，这一块主要是针对的解决方案。比如行业的近况、面临的挑战等，有什么落地的解决方案。这些和个人见解的内容是区分开的，不属于评论的部分，而属于解决方案的部分。能让人产生直接行动的，就是干货部分。

干货的产出，一部分源自会友的分享，也是就上面提到的UGC模式；另一部分是触电会从外部邀请的重量级嘉宾、名人、老师进行的专题讲座和沙龙。

2019年1月1日开始，《电商法》实施。我们在2018的最后一个季度，就邀请了国家税务总局的领导给大家解读财税规划的方案，邀请了亚洲最大的律师事务所盈科的专家给大家解析代理模式合法的问题，并邀请了国内最顶尖的资本运营管理师为大家梳理微商合规的解决方案怎么做，等等。这些都是非常具有时效性的、正能量的内容干货产出。

综上所述，抓住上面的几个维度，基本上就可以保证每天固定产出20条朋友圈了。

还有一个大家比较关注的重点，就是如何办一场3000人的论坛。

▲ 2018年8月11日3000人微商论坛现场

　　我的3000人论坛都是放在每年的8月份，千人跨年演讲安排在元旦前后。基本上也是一个原则，固定的时间，固定的地点，做固定的事情。

　　因为参会人数比较多，在时间上，就需要提前3个月开始操办，去释放搞论坛的信息，进行预热。首先，触电会本身有1000个会员，在此基础上，

能来500人。

然后会有一部分赞助商，因为出资冠名，所以他们希望他们的客户都能来参会，于是他们会额外购买一部分门票。这即是一个卖票的出口。

接下来就是日常运营我的23个人私人微信号，每一次的论坛，都会启动一次群发，能够卖出去1000张门票。这也是最有效的途径。

当大家基本完成报名后，第一时间我们会建立论坛参会大群，把报名者拉到群里，启动红包策略，在群里做各种会员的维护。比如只要有人进入了，就发个人简介，在里面加粉丝，发红包，每周安排一次分享，头脑风暴，各地的线下聚会等就跑起来了。

把临时群，当成正式的会员群运营，就会让会员在这2~3个月的时间内，实现临时报名参加论坛的人的自动自发性裂变。很多做会议的主办方都是临近开会的三天才开始拉群，或者干脆不拉群，这个就起不到裂变的作用了。

我认为这是我们团队做得好的一个很关键的点。也是微商裂变思维的具体体现。

红包策略。每天在每个临时群里面发1000元红包，一直坚持60天，这个也有几十万的开支，但是会一直保持群的活跃性。也是在刺激已经报名的人的裂变。维持群活跃的最好的方式就是红包策略。

小结一下，办一场3000人的论坛的关键点就是：

①一个是提前三个月开始预热报名；

②首先启动会员报名；

③启动赞助，赞助商会消耗掉一部分门票；

④个人号的群发信息；

⑤活跃报名群，会员的自裂变。

关于触电会的运营团队，我一直都是很骄傲的，每年完成如此巨大的工作量，创造超过80%上市公司的人均产值，而我们只有6个人。

分工大概是：

①CEO罗剑锋，处女座，执行力超强，微商专家。他负责组织触电会内的所有内容输出，包括线上、线下的分享，对于分享者的内容进行把关。另外也统筹管理触电会社群的运营；

②两位同事负责社群对接，也就是群主。因为我们有1000个会员分布在了两个群，每个群需要一位管理运营，负责会员服务和日常事务的对接；

③一位负责做新媒体运营。我们自己有触电报公众号，需要把每天的会员信息、触电会的信息收集起来，做成一张长图，及时发布。这是一个很关键的行为。还有新媒体矩阵要同步我在朋友圈原创的内容，等等；

④一位负责大型的线下活动，对接流量的回复及转化；

⑤还有一位财务。

就是这么简单的架构，非常清晰。

触电会的会所在深圳大学城旁，上下两层，用于线下的会员服务。比如会员每周四的交流日，每周的主题分享会，都会在这个会所举行。

▲ 触电会会所

现在很多人创业，都容易把事情搞复杂化，在刚刚开始的时候，就把各个部门的职能清晰地划分出来，设计过多的部门。专人专事，其实是造成了巨大的人力浪费。

复杂不代表强大，简单不代表弱小。相反，这个世界上能够存在最久的生物，都是最简单的生物，比如说水母，单细胞动物。

总结一下，就是我和触电会，都是极致简单、极致务实、极致钝感、极致乐观和极致高效的团队。跟我们的行业一样，草根、简单，却有着异常蓬勃向上的生命力。

3. 我的创业态度与性格

前面说了很多，都是实践类的干货。

但是如果说柔性的方面，记住最重要的一点是：学习我的态度与性格。

不同于很多成功学到处忽悠，说什么创业成功的原因是多有远见、高瞻远瞩或者水平有多高。我的事业相对比较成功，除了抓住形势之外，最主要的是性格的成功。

钝感

第一次知道"钝感"这个词，是几年前在北京我的一个高中同桌的家里，她给我一本书，叫《钝感力》，是由日本作家渡边淳一所著。这本书告诫现代人不要对日常生活太过敏感，"钝感力"（迟钝的能力）是非常必要的。

从容面对生活中的挫折和伤痛，只对自己重要的事情敏感，其他日常都钝感，是"赢得美好生活的手段和智慧"。

这点对于做自媒体人非常重要。自媒体嘛，一定要出名，有粉丝、有影响力。那出名就是双刃剑，有人认可你就一定会有人诋毁你。我这种性格的人，非常钝感。不要太在乎那些诋毁、谩骂、批评，黑粉也是粉，他骂就让他骂，我们不要回骂，要感谢他花费了自己的时间关注我们。

除了对我们感兴趣的一两样事务保持敏锐，对身边其他所有事情全部感觉迟钝。往往这样的人不但事业成功，还过得很幸福。比如我们都知道，太敏锐的探测仪用不久，人也一样，对什么都很敏感，不仅自己活得很辛苦，而且难以集中时间和精力去做事，毕竟一个人的时间和精力是有限的。

钝感的几项铁律：

①迅速忘却不快之事。有能力主动忘记；

②认定目标，如果失败就忘了失败，仍要继续，只往前看；

③坦然面对流言蜚语，对嫉妒讽刺、谩骂诋毁毫不在乎；

④面对表扬，得意忘形，自我陶醉，自我暗示，强化长处。

我的钝感人生体现在：

①除了对电商微商及自媒体这些事的事实与数据记得清楚，其他所有事情几乎都不关注，都不记得，都钝感。我不记得所有人的生日，不记得银行卡及支付宝密码（每次都短信重新设置），过钝感到极点的人生。

②我应该是微博粉丝数在400万以上的大V中唯一一个从不拉黑别人的人，对别人骂我钝感，我从来不在乎。

③对物质完全无感，我在深圳搬家超过10次，拿着几件随身衣服就搬走，陪伴过我的东西全扔掉，一辈子至今没有过一件自己喜欢过的物品。

④对人钝感，一起工作上10年朝夕相处的同事，我一跳槽，就会忘掉。如果想主动忘掉一个人或一件事，心里默念几分钟"忘掉"，就会忘记。

加上我是射手座，天生的极度乐观，自我感觉一辈子没有缺过钱，一辈子没有痛苦过一天，一辈子没有一晚上失眠过，每天都睡得好、吃得好，除了对最核心的几件事操一下心，其他万事不操心。

虽然钝感大部分属于天生，但后天也是可以培养出来的。下面就教给大家一些可以培养钝感的习惯：

①即时清空信息：建议大家每个月清空自己的电脑、手机、QQ、微信、邮箱等所有信息，包括照片等（我是每天清空所有信息），其实人生没有什么重要到需要永久保留的。我每小时清空所有信息特别是微信聊天记录。

②学会做个什么都不想的人：除了高考、找工作等重要时刻，需要你集中精神操心一下。要学会做个"傻子"，平时不操心，积聚人生能量。不操心能养成钝感。

③培养吃亏的习惯，我曾经发起多付钱的运动，就是你买任何东西，要多付别人的钱，如街边苹果6元一斤，你要10元一斤买；在餐馆吃饭，你吃了88元，你要坚持付款100元，抹掉零头，给电商人、微商人买东西，不准自己讲价，在别人报价的基础上再加10%。

④养成发红包的习惯，散财的习惯，如果你每年将自己收入的20%用发

红包的方式发掉，把钱看得淡一点，你的人生就钝感了。

回顾看来，我2009年开始写微博，2012年开始正式以写微博为生，从2012年到2019年已经红了七年，而从2009年到2019年这十年之间挡了无数枪林弹雨，面对过很多人看一眼都会放弃的困境。但是十年过去了我还屹立不倒，以长时间看一个人的成功，其原因主要还是心态（钝感）与性格（始终不在言语上胜过别人）。以我现在的心态与性格，还可以火十年与红十年。

第二点对于创业有帮助的性格特质，是乐观。

创业要源自内心真正的动力，创业是快乐的，不要苦情，这样才愿意坚持。现在我们强调轻松创业，有兴趣的快乐创业，充满希望。

兴趣与热爱是比坚持与行动更重要的因素，只有对一件事有发自内心的喜爱才能坚持，成功学单纯地激励自我去坚持一件事是没有用的。我六年来基本坚持每天都发微博，因为我喜欢这件事，恰好我又擅长，哪怕发生人生变故，受到各种人身攻击，我都能坚持。

乐观地做事，在事先理性地预估结果之后。

有困难就乐观面对，办法一定比困难多。像我，从来不悲观，也不觉得经济形势不好，觉得每年都是最好的一年。

就如一位加入触电会的新会员所说：他到触电会社群最大的收获之一，就是精神上的收获，是正能量。微商人整天像打了鸡血似的，每天呈现给别人都是好的一面，正能量的一面。传统企业老板整天抱怨生意难做，5000万微商从来没有一个人抱怨过（你抱怨就输了）。触电会社群的极致乐观氛围也与我有关，我这个人几十年来从来没有一分钟忧虑过。

之前总听到一些朋友抱怨，微商越来越不好做了，以前发一条朋友圈就能招几个代理，现在不行了；前几年微商多好做，卖什么都可以卖出去；负面思维要不得，这些负能量的人要向我这样射手座的人学习，要天生乐观：现在开始做永远是最好的时机，没有什么以前，只有现在才是最好的。

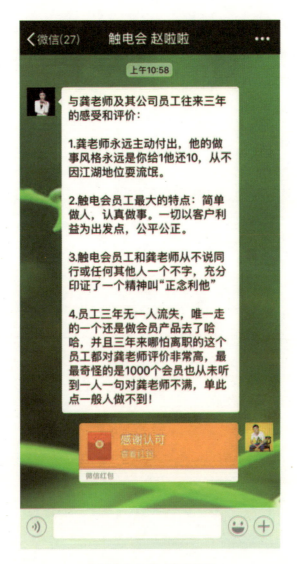

▲ 触电会会友对我的评价

　　悲观者总觉得今年经济不行了，其实中国从1978年开始，连续40年都保持8%以上的增长率，中国五千年的历史从未出现过这样连续几十年高速增长的时代。也就是说，看我朋友圈的人都是从你出生那一年起，直到你活90岁离去，你的一生都在高速增长过程中度过。

　　很多悲观者还觉得电商不行了，微商不行了，电商微商自从出现以后，就没有一年的增长率低于30%，你说不行了是给自己找借口。这是一个最好的时代，大家要乐观地赚钱。